U0522159

六人

泰坦尼克号上的中国幸存者

[美]施万克（Steven Schwankert）著
丘序 译
陈畅涌 校译

中信出版集团｜北京

图书在版编目（CIP）数据

六人：泰坦尼克号上的中国幸存者 /（美）施万克著；丘序译 . -- 北京：中信出版社，2022.4
书名原文：The Six
ISBN 978-7-5217-3042-5

I.①六… II.①施…②丘… III.①船舶遇难－史料－英国－1912 IV.① U676.8

中国版本图书馆 CIP 数据核字（2021）第 059886 号

The Six
Copyright © 2022, Steven Schwankert
Simplified Chinese translation copyright © 2022 by CITIC Press Corporation
All rights reserved
本书仅限中国大陆地区发行销售

六人——泰坦尼克号上的中国幸存者
著者：　［美］施万克
译者：　丘序
出版发行：中信出版集团股份有限公司
（北京市朝阳区惠新东街甲 4 号富盛大厦 2 座　邮编　100029）
承印者：　北京诚信伟业印刷有限公司

开本：880mm×1230mm 1/32　印张：8　字数：143 千字
版次：2022 年 4 月第 1 版　印次：2022 年 4 月第 1 次印刷
京权图字：01-2022-1114　书号：ISBN 978-7-5217-3042-5
定价：69.00 元

版权所有·侵权必究
如有印刷、装订问题，本公司负责调换。
服务热线：400-600-8099
投稿邮箱：author@citicpub.com

目 录

III 推荐序

V 前言

001 第一章
一块木板

007 第二章
1912 年的世界

015 第三章
从"四邑"走向世界

033 第四章
白星航运公司

053 第五章
皇家邮轮"泰坦尼克号":
电影和现实

073 第六章
　　逃离

103 第七章
　　懦夫、偷渡者、假扮女人

111 第八章
　　C号折叠式救生艇

149 第九章
　　被排除在外

163 第十章
　　随风散落

179 第十一章
　　严喜、亚林和张富

193 第十二章
　　李炳

211 第十三章
　　方荣山

231 第十四章
　　第七人

241 第十五章
　　六人

推荐序

当年拍摄电影《泰坦尼克号》时，我在讲述三等舱乘客杰克·道森这个虚构人物的故事的同时，还拍摄了另一个故事情节：一名中国籍三等舱乘客漂浮在一块沉船的残骸上，被返回的救生船发现而获救。这个情节来源于历史的真实记录，我原本希望将其包含在电影之中。那个中国男人求生的勇气和决心，深深地打动了我，也激发了电影《泰坦尼克号》结尾的拍摄灵感，即众所周知的杰克与罗斯生离死别的情节。

施万克和获奖纪录片《六人》背后的研究人员将"泰坦尼克号"历史中鲜为人知的一面，以及当时中国人在海外的经历，生动地展现在人们面前。作为一名历史学家，在过去的 25 年里，施万克一直在中国探索湖泊、河流和海洋的历史。他和他的团队深入研究了中国丰富的海洋历史，并解开了一个深藏已久的谜团——"泰坦尼克号"上六名中国幸存者的身份和命运。

在电影《泰坦尼克号》公映近25年的时间里，我们对这艘巨轮、沉睡海底的残骸，尤其是船上乘客的故事，有了越来越多的了解。《六人》是一部伟大的作品，它不仅仅是一个关于"泰坦尼克号"的故事。它向我们展示了一群由于命运使然而最终登上这艘历史上最著名巨轮的中国人所经历的苦难和考验，它不只让我们看到了那个决定命运的夜晚，也证明了对于像这六个中国人一样坚韧和勇敢的人们来说，即使是一次如此巨大的海难也淹没不了他们与命运抗争的勇气和追求梦想的决心。

詹姆斯·卡梅隆

2022年1月于新西兰

前 言

我曾在我的第一本书中讲述了在中国沿海发现英国皇家海军潜艇"海神号"(HMS Poseidon)的故事,在我看来,这件事就像挖煤掘金。若真是如此的话,探寻"泰坦尼克号"上8名中国乘客的故事,就像在淘金之路上意外发现了更有价值的钻石矿。

"海神号"的沉没是中国境内发生的最惨重的海难之一,尽管它发生在20世纪初,但几乎完全被人遗忘。许多人在这场海难中丧生,围绕海难本身也有许多神秘逸事,这些都需要让人知晓。当我准备首次向英语国家的读者讲述这个故事时,我想,读者唯一能与之相对应的场景来自电影《泰坦尼克号》。随着对海难幸存者的采访以及其他有关此次沉船事件的研究逐步推进,我又回到了我的书架上,再次翻开有关"泰坦尼克号"的书籍,比如沃尔特·洛德的《此夜永难忘》(*A Night to Remember*)等经典著作,同时也查阅了网上发布的大量相关研究资料。就在那时，我的探索方向开始有所转变。

在中国工作了超过20年的我，当然知道"泰坦尼克号"上有中国乘客。但是关于这8个人的具体信息寥寥无几，只知道其中有6个人幸存下来。当时的我并未从事过任何与"泰坦尼克号"有关的研究工作。况且，关于"泰坦尼克号"，还能有什么可以挖掘的呢？这艘沉船是在30多年前被发现的，所有幸存者如今都已不在人世了，詹姆斯·卡梅隆执导的电影已经让这个故事深入人心。我把书中描述"泰坦尼克号"的地方做了标记，直到多年后我整理相关资料时，才再次想起来。

最初几个晚上，我每天躺在床上，盯着天花板，思考着有关沉船的问题，琢磨"海神号"的事情。然后，奇怪的事情发生了，我不再思考"海神号"沉船的未解之谜，却开始思考"泰坦尼克号"上的中国人。他们是谁？他们为什么在"泰坦尼克号"上？他们为什么有这么高的幸存率？他们到达纽约后发生了什么事？在某种程度上，这时候我才意识到也许我不应该选择研究"海神号"。当时针对"海神号"的项目，我们已经进行了一些采访，也做了不少研究，如果中途停止会是一件很困难的事。另外我的创作伙伴——导演罗飞也在同步拍摄关于"海神号"的纪录片，他对我的想法转变并不认同。但经过了几个月的探讨和争论后，我们达成了共识,我们要呈现的这个故事并不是"泰坦尼克号"自身的故事,而是关于这几名中国乘客如何幸存以及他们最终的命运如何,这才是这个故事格外突出之处。我仍然希望能继续探索"海神号"沉船的故事,但必须先将"泰坦尼克号"上的中国乘客的故事呈现出来。

中国乘客在"泰坦尼克号"的历史上扮演的角色与莎士比亚的《哈姆雷特》中罗森格兰兹和吉尔登斯特恩的角色相似——三等舱乘客、劳工,后来在海外取得巨大成功,他们确实是20世纪历史上的小人物,但他们在各自故事中适时出现,使我们得以更加清晰地认识主角们和整个故事。

从《六人》这本书中,你能看到19世纪末20世纪初中国人所经历的许多大事件:劳工移民,特别是来自中国南方的劳工;发生在"泰坦尼克号"失事前不久的辛亥革命,它推翻了中国的千年帝制,对中国社会产生深刻的影响;美国《排华法案》,以及加拿大、英国通过的类似的排华移民法案;还有这些中国幸存者及其后代移民是怎样融入不同国家的。

这本书不仅尝试回答最初困扰我的那些问题,同时还希望回答更多的问题:他们是英雄,还是懦夫,抑或只是因为运气好才幸存下来?6名中国幸存者到达纽约后发生了什么?为什么他们似乎从历史上消失了?2名遇难的中国乘客中,是否有一名被埋葬在新斯科舍省哈利法克斯的"泰坦尼克号"公墓?

这是历史上第一次有人以一种有意义的方式讲述"泰坦尼克号"上的中国人的故事。"泰坦尼克号"上的中国乘客一直声名狼藉，还被嘲笑为偷渡者。现在，在那个难忘的夜晚过去一个多世纪后，这些中国幸存者终于有机会在中国和"泰坦尼克号"的历史上重新获得他们应有的位置。

在此，我要感谢詹姆斯·卡梅隆和玛丽亚·威廉在本书和相关纪录片的研究和创作过程中对"六人"的慷慨和无私的帮助。他们对这个工作各个方面的指导和帮助是无价的，他们对中国电影业的支持同样是无限的。

第一章

一块木板

当地板消失在脚下时,他深深地吸了一口气,然后俯身跳进了水里。他之所以这样做是想活下来。但他觉得,自己选择了死亡。

冰冷的水猛击着他的腹部,几乎把他小心翼翼吸入的空气都逼了出来。泡在海水里的感觉,就像有成千上万的小针头刺着他的手和脖子,"每一根针"都试图在他的皮肤下钻洞,偷走他体内剩余的热量。慢慢地,在寒夜中保护了他几个小时的棉毛衣物也被海水浸透。衬衫、夹克和外套在平时是足以御寒的,但在水里毫无作用。

垂死者的尖叫声四起,不分男女。几个小时前,一些绅士勇敢地将家人送上救生艇,而自己留了下来,他们似乎已接受了自己的命运。现在,同样是这些人,他们哭喊着呼救,身上的衣物也早已无法御寒。妇女们等着有人前来救她们的孩子。从船灯最终被熄灭的那一刻起,只有新月笼罩着这群人。附近的救生艇上，之前被绅士礼让登上救生艇的人与水中的人保持着一定的距离，他们生怕一旦回头施救，水中的落难者就会让他们落入海中。

他还记得自己在所成长的小岛上第一次学会游泳的场景，那是一个被人遗忘的地方。700多年前，忽必烈摧毁了南宋王朝后，南宋的遗民便避难到那里。那里的水清澈而温暖。而现在，他游荡在黑暗冰冷的海水中，寻找救生艇，寻找一切可以触及的东西。在短短的几分钟内，他几乎麻木了，只有脖子和肩膀处还能感受到温度，而这温度使海水显得更加冰冷刺骨。

他尽力把头露出水面，但随着时间的流逝，他的嘴和鼻子都渐渐地被水没过。救生衣抵消了湿透的衣服的重量，但海水的阻力让他每次划水都倍感艰难。

他不知道其他人在哪里。他们下船了吗？他们也在水里吗？也许他们上了救生艇，他不确定，冰冷的海水让他心烦意乱。他曾在甲板上等救生艇，但船员们没能及时把救生艇准备好。救生艇还没下水，海水就淹上来了，所以他选择游泳而不是随船沉下去。他想，船会把我拖下去的。他听到身后的急促气流，但这并没让他惧怕。至少目前，他还活着。

很多人已经死了。他穿梭在他们中间，每一具尸体都肿胀浮起，令人毛骨悚然。他犹豫着是否应该抓住一具尸体，用死者的身躯来拯救自己的生命，但他没有，而是继续向前游。他默念着：继续游，否则你会像他们一样。

但继续前行已经变得很困难。此时，水温接近冰点，空气也并未比海水暖和多少。在远处的某个地方有一座冰山，正是它将船撕裂，开启了缓慢但不可逆转的死亡历程。

周围的声响开始平息。寒冷夺走了一些人的生命，另一些人则放弃了，他能听到的最清晰的声音是伴随自己每一次呼吸的汩汩声和喷水声。现在，他几乎每划一次都得挺起身子才能呼吸。他听不见也看不见附近有任何船。

突然，他的手碰到了一个坚硬的物体。他推了一下，那物体并没有消失，他又拍了一下，只感觉它又大又厚。他又举起胳膊放在这物体上方，感觉它是一扇门，或是一张桌板。他爬到上面，把它压到身下。他只能勉强从水里爬出来，当物体略微移动时，他差一点被掀翻过去，但他保持住了平衡，没有跌入海中。海面上的波浪，还不至于将他推下去，但他要确保自己不会滑下去。他解开腰带，尽可能地把自己绑在那件物体上。寒冷的天气令他的身体不受控制，手臂和手指无法对大脑传来的信息立刻做出反应。

现在，一切都安静了下来。海上没有任何声音，周围的人也不再发出声音。只能看到星光，那么多星星，却那样暗淡。天气很冷，但至少不像海水那样冰冷。他想，救生艇没有救我，大海也没有救我，我今晚势必要死在这里了。

第一章
一块木板

在黑暗中，他看见一束光，并不是很亮，是从某处照过来的。之后，那束光再次闪现，来回移动，似乎离他越来越近。有人在用英语大声呼喊。他试图用英语回应："这里！这里！"却没能喊出声。他几乎无法动弹。那束光来自一艘救生艇，艇上有几个人，正在向他靠近。"这里，这里。"艇上的人听不到他的呼喊，但他们逐渐向他的位置靠近。灯光照在他身上。他动了动，想伸出手去，但胳膊抬不起来。"这里！这里！"救生艇上的高级船员大声喊着，把灯照向那个浮在一块木板上的人。高级船员和一名副手弯腰把他从水里提了起来，他身上裹着湿漉漉的衣服，沉得要死。他——在高级船员看来可能是中国人或菲律宾人，一次又一次地表示着感谢，尽管他不确定自己说出的是不是正确的句子。当他终于意识到自己活下来时，他一把抓住桨开始划。救生艇继续搜寻，高级船员大声呼喊，用灯光四处探照，但没有再发现生还者。在他获救前，还有两人被救出，不过其中一名肥胖的头等舱乘客没有撑过去。

几个小时之后，黎明降临，一艘大船开始驶向散布在海面上的救生艇群。慢慢地，救生艇向着大船划去，救生艇上的人看到了大船的名字——"卡帕西亚号"（Carpathia）。他依旧很冷，筋疲力尽，不过至少当他必须抓住绳网登上大船时，他的四肢都能正常工作。登上"卡帕西亚号"后，他找到了自己的同胞——并不是所有同胞都有幸获救。

六人
泰坦尼克号上的中国幸存者

很多年后，在寄给家乡的一封信中，他用一首诗描写了当晚的经历：

> 天高海阔浪波波
> 一条棍子救生我
> 看到兄弟三四个
> 抹干眼泪笑呵呵

第一章
一块木板

第二章
1912 年的世界

1912 年,人类历史稳步向前,越来越大型的机器设备不断出现在人们的视野中,人们找工作可能已经不只是像以前一样需要翻山越岭,而可能要跨越大洋,到他们想象不到的遥远的地方谋生。当北爱尔兰的工人们将第一个铆钉钉在用于建造"泰坦尼克号"的钢板上时,距人类发明出铁路和轮船已经过去了几十年。但随着 20 世纪的到来,人们对旅行的最高需求已经变成:更大、更远、更快。

20 世纪初,人类已经到达地球上最偏远的地方。1909 年,美国人罗伯特·皮尔里和他的团队成为已知的第一批登上北极点的人类。挪威探险家罗阿尔德·阿蒙森和他的探险队于 1911 年 12 月抵达南极点。人类在 19 世纪末登上了非洲和南美洲的最高峰,不过登顶喜马拉雅山脉和喀喇昆仑山脉的世界最高峰则是几十年之后的事了。渐渐地,可以肯定的是,世界正在变得越来越小,至少不再遥不可及。

在飞行方面，早在1875年，费迪南·冯·齐柏林伯爵就在设计飞艇，这种飞艇是由一个装满氢气的巨型气球和一个可以搭载飞行员与导航组件以及货物、乘客、武器的平底船组合而成的。1912年4月24日，德意志帝国海军首次将齐柏林飞艇用于军事用途。那时的飞艇设计及制造仍处于初始阶段，利用飞艇提供跨大西洋客运服务的想法就像太空旅行一样，不亚于天方夜谭。

美国的莱特兄弟——哥哥威尔伯·莱特和弟弟奥维尔·莱特，在1903年首次试飞了世界上第一架飞机"飞行者一号"。但即便到了1913年，距离人类实现乘坐飞机跨大洲旅行的愿望还有很长一段时间。与飞艇类似，军方看中的是飞机可用于侦察或空中轰炸活动，而不是用于大规模运送人员或机器。

那时，有钱人已经开始购买汽车作为娱乐消遣，并用作本地出行工具。尽管汽车越来越受欢迎，但福特汽车公司直到1913年才开设了第一条汽车生产流水线。汽车的缓慢普及，正引发一场将持续整个20世纪的生活方式变革。

尽管那时没有哪个国家的电力普及率达到50%，但电气化进程正在改变世界各大城市的面貌，并开始逐渐向更广阔的乡村地区蔓延。伦敦、纽约和上海这样的城市早在1900年之前就有了用电照明的路灯，但比起铺设数公里的新电线只为服务较少的用户，向人口密集的城市供电更容易，成本也更低。新建的、改良的道路不但适用于汽车的行驶，而且也为电线的铺设打下了基础。

在 20 世纪的头几年，煤炭成为世界上主要的动力来源。煤炭为家庭采暖提供能源，为工厂提供动力，为行驶的火车和横渡大洋的巨轮提供燃料。这些大型船只被称为蒸汽船，但正是煤炭的燃烧产生了所需的蒸汽。1910 年，当白星航运公司的客轮"奥林匹克号"从英国南安普敦首航至纽约时，它使用了大约 3 500 吨煤炭，平均航速约为每小时 40 千米。虽然在 1875 年，油，特别是石油，作为一种潜在的燃料被大量发现，但距离它被广泛开发和使用尚有 10 年或更久的一段时间。

当飞机和汽车尚不可用的时候，要在陆地上实现远途旅行，唯一的选择是火车。庞大的铁路网已经遍布北美洲、欧洲部分地区、印度以及从莫斯科到中国东北地区之间的区域。然而，如果一个人想在 1912 年横渡大洋，他需要购买一张固定航线的船票，最好是他能负担得起的最大、最快的船。

位于纽约百老汇 233 号的伍尔沃斯大楼，已进入竣工前的最后阶段，它是当时世界上最高的建筑，高度达到 241.4 米。这个最高的纪录将保持 18 年。

当时的大众传播和媒体大多数以印刷品的形式出现，即书籍和大量发行的报纸。读书成为大多数人的共同习惯。这一年的畅销书显示了英语读者对更广阔的世界，甚至是幻想的、虚构的世界充满兴趣。阿瑟·柯南·道尔以创作《福尔摩斯探案集》而闻名，他的另一本更加畅销的作品《失落的世界》，讲述的是一支探险队在亚马孙发现了包括恐龙在内的史前动物的故事，可谓比电影《侏罗纪公园》诞生更早的《侏罗纪公园》。埃德加·赖斯·巴勒斯塑造的"人猿泰山"从树上摇荡而出，它是非洲丛林中由猿猴抚养长大的人类。

默片越来越受欢迎，大卫·格里菲斯（被称为"美国电影之父"）和马克·森内特等导演每年执导多部电影，莉莉安·吉什和多萝西·吉什姐妹、约翰·巴里摩尔和莱昂内尔·巴里摩尔兄弟、玛丽·碧克馥等早期演员也为大众所知。当时的电影时长为15~20分钟，是用插卡字幕代替录制的对话，通常由管风琴手或管弦乐队在电影院现场伴奏。

当时已有录音和播放音乐的技术，但留声机或早期的维克多牌唱机仍然是普通人无法负担的。人们喜欢在家里演奏音乐。特别是在城市里，现场音乐会和戏剧表演已经很成熟，也很受欢迎。还有一些音乐家的巡回演出和马戏团表演，会去到更遥远的地区。

欧洲和北美洲的体育联赛还处于起步阶段。在美国，位于密西西比河以东的16支地区球队开启了美国职业棒球大联盟的序幕。1912年赛季的第一场比赛是波士顿红袜队在客场对阵纽约高地人队。那时，波士顿红袜队的球迷们还期待着4月20日新主场芬威球场的落成。在那一年晚些时候，美国大学橄榄球联盟将开启现代大学橄榄球的第一个赛季，而且还制定了新的规则，包括四档或四次进攻可获得10码，触地得分由5分改为6分，场地宽度缩短到100码。这些规则延续到今天，无论是在美国大学橄榄球联赛还是美国职业橄榄球联赛中仍然适用。

在英国，布莱克本流浪者队赢得了他们的第一个英格兰足球联赛冠军。和现在一样，20支顶级联赛球队打了38场比赛，布莱克本的积分最终超过了与其差距最小的对手埃弗顿，而普雷斯顿和伯里被降级。在这一年的板球比赛中，英格兰队保住了灰烬杯，同时赢得了名为"三角锦标赛"的比赛，而这个比赛只举办过这一届，英格兰队在主场击败了灰烬杯的对手澳大利亚队和另一个对手南非队。

瑞典斯德哥尔摩于1912年7月6日至7月22日举办了夏季奥运会，共有28个国家参加，大部分来自北美洲和欧洲，另外还有来自大洋洲的国家，以及智利、埃及、南非、土耳其，亚洲国家日本是首次亮相。美国运动员吉姆·索普获得了现代五项和十项全能的金牌。美国共获25枚金牌，是本届奥运会获得金牌数量最多的国家。东道主瑞典队以65枚奖牌的总成绩位居奖牌榜榜首。

1912年4月，英国已经迎来了新世纪的第三位君主——英国国王乔治五世，他是维多利亚女王的孙子，在他父亲爱德华七世去世后继位，在位还不到两年。就在几个月前，乔治五世成为第一位也是唯一一位在印度参加自己的印度皇帝加

第二章
1912年的世界

冕仪式的英国君主。自由党的赫伯特·亨利·阿斯奎斯担任英国首相。英国当时仍然是世界上最强大的国家,在世界上最大的城市伦敦统治管理着位于世界各地的殖民地。

欧洲正享受着长期的和平,但革命和战争的暗流已经在欧洲大陆滋生和蔓延。在维也纳,一个名叫阿道夫·希特勒的艺术家胸怀大志,他一边打零工,一边贩卖城市地标水彩画,这些画中几乎从来没有出现过他的维也纳同胞或其他任何人。在平庸的艺术创作和打零工的生活间隙,他开始阅读反犹太主义作品,渐渐对犹太人及其在欧洲社会中的地位有了自己的看法。

俄国一位著名的政治革命者弗拉基米尔·列宁曾长住巴黎,并继承了已故德国经济学家、哲学家卡尔·马克思的思想。1912年1月,列宁和他的追随者与当时俄国其他的社会主义者决裂,成立了一个后来被普遍称为"布尔什维克"的政党。

在南非,一位出生于印度的律师和群众运动家莫罕达斯·甘地,开始倡导以非暴力方式抵抗当地的种族主义政策,并在约翰内斯堡附近创办了一个名为"托尔斯泰农场"的乌托邦社区。

19世纪,美国的财富、工业产出在不断增长,军事力量在不断壮大,移民潮也在继续。1912年年初时,美国有46个州,不久就变成了48个州。新墨西哥州于1月6日成为美国的第47个州,亚利桑那州最终在2月14日加入,这个不断成长的国家终于实现了自己的"天定命运"——这是一种政治军事思想，致力于将美国的疆域从大西洋扩展到太平洋。那一年，新泽西州州长、民主党人伍德罗·威尔逊和时任美国总统的共和党人威廉·霍华德·塔夫脱正在角逐美国总统。而前一任总统西奥多·罗斯福在未能赢得共和党内提名后，于那一年晚些时候再次参选。

美国人约翰·雅各布·阿斯特四世是阿斯特家族最小的孩子，也是唯一的儿子，他可能是当时世界上最有名的人，绝对也是1912年最富有的人。阿斯特于1864年出生在纽约，因创作科幻小说《他星之旅》名利双收。之后，在1898年美西战争期间，他筹措资金资助了一支部队并在自己资助的部队里服役。再后来，他开始投资房地产，出资建造了当时最豪华的阿斯托里亚酒店，紧挨着由他的表兄威廉·华尔道夫·阿斯特出资建造的另一座相似的建筑——华尔道夫酒店。

阿斯特是一个狂热的水手，喜欢驾驶着他的游艇"努尔玛哈尔号"（Nourmahal）沿美国海岸和加勒比海域航行。他在美西战争期间把船借给了美国海军。虽然阿斯特热爱大海，但他在海上并没有什么好运气。1893年9月，一次小事故导致他的游艇被搁浅在哈得孙河畔，《纽约时报》连续两天在头版报道了这件事情。在另一起事件中，阿斯特于1909年11月5日驾驶"努尔玛哈尔号"从牙买加东北部的安东尼奥港起航，但是随后居然失踪了两个多星期。一艘货轮"安妮塔号"（SS

Annetta）的船长声称，他于11月14日在圣萨尔瓦多岛附近发现了这艘76.2米长的游艇。一场飓风席卷了该地区，这起失踪事件让许多媒体和整个纽约社会担心会发生最坏的状况。但阿斯特最终于11月21日抵达波多黎各的圣胡安，并未受风暴的影响。最终，"安妮塔号"船长的说法被推翻：如果11月14日阿斯特在圣萨尔瓦多，那么他的游艇已偏离航道大约400千米，比安东尼奥港和圣胡安之间的距离还要远。

同时，在世界另一些地方也在发生着一些重大事件。在泰国，瓦栖拉兀，也被称为拉玛六世国王，在"暹罗1912年政变"中幸存下来。在日本，明治天皇的统治接近尾声，他所倡导的改革也即将画上句点。7月，明治天皇去世，大正天皇即位。1910年，朝鲜沦为日本殖民地。

在1912年，中国更加动乱不堪。1911年10月，辛亥革命以武昌起义掀开序幕，随后在全国范围内爆发，结束了中国几千年的帝制统治。1912年1月1日，中华民国成立了。

5 000年来，中国人民第一次被皇权之外的政府统治。清朝未能抵御外来的入侵和列国的干涉，中国人民饱受内乱和天灾之苦，生活疾苦难耐。

虽然中国试图摆脱过去的帝制统治，但数十年间发生的各种事件和恶劣的经济状况，继续影响着成千上万已经开始计划离开中国到其他国家谋生的中国人。

六人
泰坦尼克号上的中国幸存者

第三章

从"四邑"走向世界

男孩划着水在温暖清澈的水中游过。他觉得自己就像家附近的池塘里养的鸭子一样自由自在。他想，也许下次可以把鸭子带到这里，我们可以一起在海里游泳。他转身游回父亲站的地方，知道该回家了。尽管这是在中国南方海边的一个小岛上，但真正会游泳的人不多，年轻的方荣山就是其中之一。

当年被追杀的南宋遗老也许并没有预料到下川岛这个地方会成为他们的落脚之地，在他们的双脚踏上下川岛的海滩之前，他们也许从来没有听说过这个地方。不过这里看起来似乎是躲避忽必烈大军的完美藏身之地——一个在地平线之外的岛屿。本着眼不见心不烦的原则，想杀他们的人看不到他们也许很快就会把他们忘记了。但下川岛在当时并非不为人所知。行船的人把它当作航海的地标，向南可去往东南亚。

也不是所有经过这里的船都这么幸运，曾经有数百艘船在这里和附近更大的上川岛海域沉没，包括1983年发现的"南海一号"商船。但无论在元代还是在前朝，它都几乎不为人知。南宋遗老们觉得这里很安全。

几个世纪后，岛上的居民仍然把自己看作南宋的遗民。他们所说的当地方言与今天的标准普通话完全不同；比起北京，他们更可能在纽约或温哥华等地的唐人街找到能听懂他们说的话的人。

在离下川岛几十公里外的大陆上，一个少年清楚地知道自己很快就要离开家乡。从小在横塘村长大的李炳面临与台山其他年轻人同样的压力：没办法挣钱养家，当地几乎没有就业机会。就像在他之前许多离家外出打工的台山人一样，李炳的未来可能也在远离家乡的地方。

1912年，中国经历了大规模的政治动荡。随着整个中国经济陷入萧条，那些于19世纪末出生在台山的人的未来之路越来越窄。

在后来乘坐"泰坦尼克号"的几名中国人中，至少有两人来自台山的不同地区，那就是方荣山和李炳，也可能还有几个人，甚至8个人全部都来自台山。他们通过辛勤劳作来供养所爱的、拮据的家人，却没有家人在身边陪伴。他们会定期寄钱回国，以使留在家乡的亲人们生活得轻松些。有些人家甚至在家乡为亲人盖起了房子。虽然说的是暂时离开，但这些人中至少有一半再也没有回到台山。他们把自己家乡的语言和习俗带到了世界各地，就像所有移居国外的人一样，但他们中的许多人再也没有回来。

男孩背着书沿着大街向前走去。从学校到他家并不远，只有几分钟的路程，他每天往返两次——早上去上学，中午回家吃午饭，下午回到学校，一天课程结束后回家。下大雨的时候，他的母亲会做一份简单的午饭让他带到学校，他就会在学校待上一整天。在一年中最炎热的那几个月，走在被树阴遮蔽了大半的路上，他感到很轻松。方荣山喜欢学习，尤其喜欢用中文和他正在学的一点点英语写作。他写的英文字母是方形的，都是直线和折线，没有弯曲。他上的学校很可能是由基督教传教士建造的，但老师都来自他们的村庄。

方家所在的村庄是下川岛上地理位置最好的地方之一。远离海岸和岛上的高山，因此这里没有洪水或者山体滑坡的风险。方荣山家的房子很简陋，有两个半房间：一间用来睡觉，一间用于一般起居和准备食物，还有一个小厨房，用来做饭。他父亲一直说要在房顶上加盖一个房间，但这件事始终没有实现。

每天放学回家后，方荣山放下书本，先扫扫地，然后赶在天黑前把学校布置的作业完成。在烛光下做作业、看书对他的眼睛很不好，使他感觉很累。每天晚上父亲都会催他和弟弟妹妹去睡觉，幸运的话，他就不会被父亲的鼾声吵醒。

方荣山对自己的未来很好奇。即使受了教育，他能做什么呢？像他父亲一样当农民？他读过很多关于中国古代伟大军队的故事，但对他来说，这个小岛就是中国，是他全部的世界。有朝一日，他能不能去广州，甚至去皇帝所在的北京？第二天，当走在去学校的路上时，方荣山一直想象着外面的世界。它是真实存在的吗，还是只是一个故事，就像他从书中看到的其他故事一样？他有机会看到外面的世界吗？

今天的台山

如果今天去台山旅游，你很难看出来这里是中国的华侨之乡。

台山位于广东省中南部地区，包括"四邑"，即4个县城——恩平、开平、台山、新会。1951年，台山被划入江门市管辖，对此台山本地人会很快指出历史上并非这样，正相反，江门原来是隶属于台山地区的。这样调整以后，该地区现在也被称为"五邑"。江门地区人口约450万，面积近9 500平方公里，最大的城市是江门市。

开平在今天仍然是一个很受欢迎的旅游胜地，这要归功于其现存的独特的碉楼，这是一种建于19世纪末带有防御工事的民居，用于保护家族安全，抵御该地区时常出现的武装土匪。台山市有几条步行街，街边的房屋和店面都是移民海外的台山人出资建造的，用以表达他们对家乡亲人的支持和祝福。

截至2021年，这4个县的人口约为100万，其中大部分居民仍属于农村人口。值得注意的是，台山并没有自己的机场，海内外游客到访台山最方便的方法是先飞到珠海机场，然后乘坐巴士或汽车，一个半小时到两个小时能到达台山。也可以先到广东省另一个较小的佛山市机场，那里主要是国内航班，距离江门55公里。往返广州和湛江的火车也可以将乘客送到这里。还有数条高速公路可以到达该地区。

如今，处于亚热带气候区的台山土地肥沃、物产丰饶。但它远远不及广东东部城市——特别是珠三角经济圈的城市，包括20世纪末的新兴城市广州、深圳和东莞那样繁荣。这些珠三角地区的城市在1978年改革开放后成为中国最初的经济增长中心。台山虽然并不贫穷，但市中心的繁华程度和经济活力仍无法与东部那几个城市相比。台山居民的平均收入约为珠三角城市居民的一半。

当年，台山之所以成为中国最早的劳工移民输出中心，既有其成功因素，也有不幸因素，还有政治地理因素。广东沿海地区的发展速度总的来说超过了其他以农业经济为基础的周边省份。这不仅促进了当地农业生产力的提高和经济作物的种植，比如烟草种植，也催生了劳动密集型基础制造业，包括纺织业和部分采矿业。这种成功因素有利于其经济增长，对地主、制造商都有好处，但不一定对子女众多的大家庭有好处——至少对大家庭的小儿子们没有好处，因为他们要靠继承财产来维持自己未来的生计。

台山地区的港口从未像香港、澳门那样取得全面或迅速的发展。与深圳等地相比，台山也不具优势。因此，该地区从未得到过投资者的青睐，投资者更倾向于选择邻近的沿海城市。台山的人口变化也没有脱离以农业人口为主体的结构。尽管如此，沿海地区发展起来的对外贸易开始吸引大量劳动力聚集，并对该省其他地区的经济产生了影响。

19世纪上半叶，尽管风调雨顺，耕地充足，但三次灾难接连降临该地区，一次比一次严重。第一次是鸦片战争。清政府战败后，广州被迫成为通商口岸。

这场冲突是台山后续遭遇的一系列灾难的开始。台山原本可能永远不会成为中国早期移民的发源地。但是，遵循儒家传统的当地人把养育大家庭视为一种责任和繁荣的标志。此外，随着可用耕地的数量越来越少，人口数量即使不增长，也超出了该地区的土地负荷能力。对拥有大片土地可以耕种的家庭来说，多子意味着多福，但当拥有的土地面积不足以养活大家庭时，儿女众多就成了一种负担。

太平天国运动时期，本来就不作为的清政府日常事务几乎停摆，年轻人都被征召入伍。为了筹资镇压太平天国的军队，清政府对地主征收附加税。另外一场武装起义也在同一时期断断续续发生，那就是意在反清复明的天地会起义。它由民间社会团体天地会发起，由此在"四邑"地区又引发了广东土著汉族居民与客家移民之间的土客冲突。

劳动力过剩，土地短缺，起义运动以及清政府对起义的强力镇压，加上与外国列强的持续冲突，突然之间，对那些没有土地继承权的年轻人来说，台山似乎失去了吸引力。经济层面的需求和外面的谋生机会加起来，引发了一场劳工移民潮，一直持续了80年。

19世纪中叶，伴随着严重影响该地区的国内冲突，一件事改变了台山的历史进程——几千公里之外，1848年有人在加利福尼亚发现金矿，1851年有人在澳大利亚也发现了金矿。

尽管劳工移民一直以某种形式存在，但中国境外对大量的中国劳动力的需求很少，就业机会非常有限。很少有中国人居住在欧洲、北美洲，甚至亚洲的其他地方，尽管第一个已知的唐人街自1590年就存在于菲律宾马尼拉。过去所谓的中国对外贸易大部分是由外国买家和中国商人在中国境内进行的，虽然中国船员也参与其中。那些外国买家也会售卖一些国外的物品，但中国市场对国外物品的需求疲软。

这里所说的境外对中国劳动力的需求不包括19世纪上半叶的苦力贸易，当时中国劳工被派到拉丁美洲和东南亚作为契约华工——约定工作一段时间（通常是7年）后将在那里获得一块土地。许多人在旅途中或在约定的劳动期间死亡，还有一些人由于无法偿还赊账最终成为奴隶。

黄金被发现时，加利福尼亚是美国控制的领土，但还不是一个州。美国刚刚在1846—1848年的美墨战争中获胜，赢得了这块土地。虽然加利福尼亚在不久之后就成为美国人口最多的地区，但它在当时被认为是不受欢迎的边疆。从美国其他地区或世界各地到达那里都需要经历一次艰苦的陆路旅行，或者是一次漫长而危险的海上航行。

黄金的发现立即改变了这一点。其实，人们最初淘金的地方更接近现在的内华达州而不是加利福尼亚海岸。几天后，美国便正式控制了加利福尼亚。可以说，黄金的发现推动了人类在西半球的探索和定居。贵重金属具备引发巨大改变和非理性行动的能力，这并不是什么新鲜事。但这是第一次，黄金的直接受益者是个人，而不是政府和国有企业。突然间，人们争先恐后地赶在黄金消失前抵达加利福尼亚州，尽可能多地淘金。

对中国劳工，特别是台山的年轻人来说，这是一个全新的选择。唯一需要顾虑的是穿越太平洋的危险之旅和旅途所需的资金，并没有任何政策和规定阻止中国人去加利福尼亚淘金。离开中国不需要身份证件，登陆加利福尼亚也不需要身份证件。但是，中国矿工在当时总是被其他矿工袭击、欺负或杀害。这类遭遇并不是只针对中国人，深受此害的还有黑人、美洲原住民，甚至欧洲血统的矿工也可能在金矿区这种法外之地遭到暴力对待。有一些中国矿工是个人独立采矿的，但大多数人都受雇于较大的矿业公司。

这些准备去当矿工的中国人并不打算移民。他们的计划是去加利福尼亚，努力工作挣到钱，然后返回中国。当时还没有移民问题，因为他们根本没有这样的打算。加利福尼亚当时的移民政策并不是特别严格，至少在当时的那一段时期内并不严格，因为突然繁荣起来的加利福尼亚急需强壮的劳动力。

12岁生日前的某一天，方荣山在放学回家的路上遇到了父亲。这很不寻常，他通常只有在晚上才能见到工作结束之后回家的父亲。他喊了一声"父亲"。"荣山，今年你就要毕业了。你该开始工作了。"男孩儿震惊地张大了嘴，但也只能说："好的，父亲。"不会有其他答案，也没有可以协商的余地，根本不可能出现不同的结果。他转过身来，朝学校的方向望去，试图逃避这个不能改变的未来。

他不应该感到惊讶。他的学校只是一所小学，上几年总会毕业。村里和岛上的许多男孩儿都去工作了。他的几个兄弟留了下来，因为父亲需要他们。似乎没有他，兄弟们也能处理好家里的事务。岛上很多人在离家乡小岛很远的其他国家，比如英国和美国，寻找工作，他当时其实并不明白这意

第三章
从"四邑"走向世界

味着什么，为什么他们要走这么远。

方荣山的父亲说，他认识的一个人会为方荣山安排外出工作的事情。方荣山要先去香港，到那里以后那个人会帮助他找到工作。方荣山并没向父亲说出他脑海中的疑惑——他每年该怎么从欧洲或美国回来过春节？外国人不说中文，他也不会说外国人的语言，那他该怎么和那些人说话呢？

上学的最后一天，方荣山去感谢老师，并告诉老师自己下学期不会来了，他要外出去找工作了。老师很惋惜地说："继续读啊，荣山。你很聪明，继续读书。"

学期结束几天后，方荣山从父亲口中得知自己将在周四离开。周三晚上，母亲为荣山准备了一顿特别的饭菜，有炖鸡、猪肉，甚至还有一些当地的牡蛎。父亲和荣山的兄弟们还与荣山喝了一点父亲亲手酿的白酒，祝福他一路平安。

方荣山把东西装在一个布袋里。母亲给他做了几件新衬衫和一条裤子。除了这些，他还装了一条毯子、一个小锅、一个碗、一双筷子和一把勺子。当你不知道自己要去哪里和去多久的时候，确实很难收拾行装。

出发

加利福尼亚发现黄金的消息传得很快，第一批中国矿工在1848年底前抵达。淘金热的头几年，数以百计的中国矿工陆续来到这里，这个数字在1852年很快膨胀到2万人。华工数量的激增和争夺黄金的激烈竞争招致欧洲矿工的强烈抵制，有时甚至是暴力抵制。不过，这并没有阻止2万名中国人相继在19世纪50年代末前往加利福尼亚，他们似乎对这种威胁和金矿递减的收益并不介意。

一些小生意发展起来，主要为中国矿工提供日常所需。一些中国商人意识到，开餐馆、销售采矿设备也是好生意，除此之外还有一些其他生意，比如提供汇款服务。

随着越来越多的中国人到来，从中国带来的社会制度开始落地扎根。四邑籍华人社团开始形成，以帮助新来的人适应新环境。这些组织的旧址分布于旧金山和美国其他地区。

1850年，加利福尼亚成为美国的一部分，美国政府急需确保该地区在联邦政府的控制之下。随着州政府的成立，加利福尼亚在联邦政府中有了充分的代表权，开始出现越来越正式的声音，意图抵制中国移民大量涌入。

加利福尼亚成为美国的一个州之后，在所谓的"天定命运论"指导下，这个成长中的国家在北美大陆不断扩张，要将其西部与东部统一起来。为了巩固政治控制，促进中西部地区的人口定居和贸易，美国开始修建横贯北美大陆的铁路。在淘金热期间，美国人看到中国劳工愿意为了很少的钱做很辛苦的工作，他们正是铁路建设所需要的劳动力。19世纪60年代，新一波的中国劳工移民潮开始，正是出于这个原因。

中国劳工的需求量如此之高还有另一个原因：在1861—1865年的美国内战中，有60多万人丧生。其中大部分是白人，也包括黑人士兵、美洲原住民，也许还有亚洲人。承担国家铁路大规模建设需要大量的劳动力，这就意味着，至少在一段时间内，美国需要从外部输入劳动力。

尽管饱受虐待，工资也低于其他非中国籍工人，但这些中国劳工是最好的铁路建设者。总的来说，他们更健康，因为他们喝煮沸的开水，无论是白开水还是茶水，都可以预防水传播疾病，如痢疾。一支几乎完全由中国人组成的队伍创下了单日铺设最长轨道里程的纪录——16.11千米。中国劳工后来又被转去其他铁路项目，包括横穿加利福尼亚的内华达山脉的铁路。1869年5月，当太平洋铁路在犹他州的海角峰完工时，那张著名的纪念照片中完全没有出现中国劳工的身影。铁路建成不到15年，中国劳工就被法律明令禁止进入美国。

香港以及更远

不管法律对移民的限制如何，在一个迫切需要有人在肮脏的环境中从事艰苦工作的地方，对这类劳工的需求丝毫没有减少。

在20世纪初，从台山出来的中国劳工不再像他们的前辈——金矿工人和铁路工人那样一无所有。在海外找工作是一种出于经济层面的选择。如前所述，如果一个人无论怎样都要很辛苦地工作一整天，他不妨去有可能挣更多钱的地方工作。

当时，去往海外已经是很常见的事了。一位学者曾写道："由于他们的一些亲属已经在美国，并以放贷者的身份返回中国，四邑籍的求职者通过这种'赊欠船票'制度获得借款比广东其他地区的求职者容易得多。"的确，当方荣山、李炳等人开始在船上工作时，已经有很多中国劳工，特别是来自四邑的工人前往美国，以至美国专门颁布了法律将他们拒之门外。在这一过程中，那些先行者还建立了各种组织，上至国际汇款处、招工代理和互助会，下至餐馆、寄宿所和中国杂货店等。海外的工作并不一定比之前轻松，但要到达那里已不再像以前那么困难了。

当时准备出国的台山人并不是完全没有受过教育。几乎所有人都受过一定程度的教育，基本上都识字。在后来登上"泰坦尼克号"的8名中国人中，只有一人——张富不会写自己的名字。方荣山曾在台山当地一所可能由传教士开办的学校接受过几年教育。尽管如此，许多人都是在十几岁的时候就开始外出工作，自年少时起就处于社会的最底层。

这些基本技能使他们有了范围相对广泛、条件稍好的工作机会可以选择。他们不只在船上当厨师或司炉工，在积累

第三章
从"四邑"走向世界

了一些经验和资历后（至少相较于其他中国船员来说），也会做一些机械工作。

这些人的第一个目的地是香港——中国南方的主要国际港口，与世界各地保持着最紧密的联系，因此它成了所有想去海外寻求工作的人的招聘基地。从台山出发，走陆路或水路都要1~3天才能到达香港。进入香港不需要提供身份证件。

抵达香港后，几个台山人沿着德辅道西前往目的地——香港岛西端。在那里，他们看到有一排排寄宿房屋、职业介绍所和汇款处，都是为满足他们的需求而设。从海上或其他地方回来的人和新来的人混在一起。有些人会去商店买些补给，在下一艘船启航前，去餐馆吃一顿像样的饭。职业介绍所可以为年轻人在船上找一份工作，但要收取一定的中介费；同时，职业介绍所每介绍一名新船员还可以从船方收取一笔中介费。香港有大量船只进出，如果想在船上找份工作，并不需要花费很长时间。

英国的船在19世纪早期甚至更早就开始雇用中国船员。中国人也用实际工作证明了自己的勤奋，他们不会像英国船员那样嗜酒。随着英国在整个亚洲的贸易扩张，船方雇用了更多的中国船员为区域航线服务。中国船员出现在英国的船上已经是司空见惯的现象，他们有的是受老板指派去船上工作，有的是自己找的船上工作。在英国布里斯托的档案馆里，许多船运记录上面写满了中国船员的名字，他们去往世界各地——澳大利亚墨尔本、美国纽约、印度加尔各答等。当时有足够的中国劳工来满足日益增长的全球贸易需求,他们能毫无怨言地接受艰苦的工作条件,而且他们的报酬很少。中国船员和一些创业商人开始在世界各地建立第一批唐人街,最初只不过是在不太发达的地区经营一系列寄宿房、商店和餐馆,以便这些人在每次航行的间歇停留。

中国船员唯独在饮食问题上比较困扰。在他们看来,即便是提供给欧洲船员的那些食物都太过粗劣,慢慢地,他们就有了自己的厨师和食物储备。在船上做一名中国厨师是一份很好的工作,尽管要从早到晚几乎不间断地工作,但总比整天铲煤要干净、轻松些,而且厨师还有一点儿权力,就是他可以控制自己和其他船员所能获得的食物的质量和分量。

轮船,尤其是货船,每次航行都要雇用船员。轮船离开指定的港口,比如前面提到的香港,前往一个或多个港口运送货物——也可能是乘客,之后基本都会返回出发的港口。一次航程通常需要几个月,有时会持续一年或更长时间。船员们的工资是根据他们的资历和被分配的任务而定的,船上通常会提供食物,住宿则是在船上能找到的任一地方解决。有些船在航程结束时才付工资,有些船按月支付工资或在特定港口停留时付工资。航程结束后,船员们会离开船,如果已有安排好的后续航行计划,船上的船员可以报名参加。那些因为表现良好或工作努力而脱颖而出的船员,可能会被船

第三章
从"四邑"走向世界

长要求留下来。同样，不守规矩的船员也会被告知不要再来。偶尔，那些惹麻烦或生病的船员会被留在途中。一些船员也会申请加入特定的某段航程，因为他们计划在某个目的地离船。擅离职守是违反合同的行为，性质十分恶劣。

在英国的船上，即使船员们都是中国人，船长和高级船员也通常都是英国人。在早期的帆船上，船员只能睡在黑暗、拥挤、寒冷的地方。蒸汽船的条件稍微好一点，船员可以睡在吊床上，后来终于可以睡在简易的铺位上。

1882年后，美国颁布《排华法案》，除少数特定类别的中国人外，其他中国人不得入境美国。因此，欧洲航运，特别是英国航运，成为中国船员就业的主要去处。英国仍然是世界领先的大国，这在一定程度上要归因于其强大的海军实力和广泛的海上贸易网络。走出台山的路径是香港，而走出香港的路径是上船，很可能还是一艘英国船。

父亲陪他到码头。老人家多次提出帮他提行李，但方荣山拒绝了。他试图掩饰自己沉重的心情，就像母亲试图掩饰她的眼泪一样。妹妹忍不住痛哭，兄妹俩一直相处得很好，荣山知道自己会很想念她。母亲给他准备了一些船上吃的食物。"趁热吃吧。"她说。

方荣山环顾海湾。正是涨潮的时候，也是航行的最佳时机。茂密的树木从远处的地平线一直延伸到海滩，绿色的海水与树叶相互映衬；背景中的绵延山丘依旧是那种灰灰的石板色；水面上渔船星星点点，那些早早就出海撒网捕鱼的人，正兴高采烈地售卖他们捕获的鱼。在码头上，还有几个准备登船的面孔看上去很眼熟：有几个男孩子是他的同学，还有一两个是他曾经在集市上见过的人。

船长向码头上等候的人大声喊道："上船上船，风向快变了！"方荣山转向父亲，父亲在他手里放了几枚钱币，嘱咐道："小心点，别丢了，孩子。好好吃饭，照顾好自己。给你母亲写信。"方荣山微微鞠躬道："再见，父亲。"

方荣山转身向船走去。在走到船舷边上时，他向父亲挥了挥手，父亲也挥手告别。方荣山上了船，差点被旁边扔上来的一袋鱼干撞到。他站在舷栏旁，船的缆绳松开，开始慢慢漂走。船夫扬起帆，船加快了速度。他凝视着父亲的身影，父亲似乎也在凝视着他。方荣山又扫了一眼海湾，这是他学会游泳的地方。群山渐渐消失，大树越变越小，很快他就看不到父亲了。阳光直射在乘客身上，微风又使他们感到了一丝凉意。他找了一个地方放他的行李，然后坐在旁边，把棉袄的领子向上拉了拉。

与方荣山相比，李炳离开台山外出闯荡的时间要早得多，至少一直在船上做一些基础的工作。几年后，两人的人生轨迹在一艘比他们想象的要大得多的船上相交。

方荣山看着船工们开始工作，系好缆绳，调整船帆。他可不想当船员。他想起自己见过的那些在美国闯出名堂的人，他们穿着西方男人穿的西装，打着领带，那才是比较体面的工作。方荣山想，有一天他成功了，他也要穿西装打领带。他喜欢这个想法。

第四章

白星航运公司

在20世纪早期,各大洲之间的运输是通过海运实现的。当时的海运处于一个过渡时期:虽然一些船舶,特别是货船,仍然靠风力驱动航行,但靠煤炭提供动力的蒸汽船因更大、更快而越来越受青睐,并引领了当时海运商贸的潮流,特别是欧洲和北美洲之间的客运服务,更倾向于使用蒸汽船。

当时,那些由英国、法国和德国公司运营的主要航线,基本上是在两个方面相互竞争:船的豪华程度和速度。对21世纪的旅行者来说,你可能很难想象有人会在意是选择花8天时间还是花6天零几个小时的时间横渡大西洋,但对100年前的商人来说,这一选择就像现在的商务旅行者选择上午还是下午的航班一样清晰明了。电报在那个时段已经普及,但一般只用于重要的、紧急的联络。有钱人家里安装了电话,但举行电话会议或通过电话进行商务沟通还是很少见的。人们可以发个电报或者打个电话安排一次商务会议,但还是会亲自参加会议，即使这意味着要经历一次跨越大西洋的航行。

到1912年，坐船横渡大洋已经不是什么特别的事了。从明朝的郑和下西洋，到欧洲探险家的西半球探险，人类搭乘由风力驱动的木制帆船环绕地球的活动已经持续好几个世纪了。甚至蒸汽船也不是特别新奇的事物，大约19世纪初，一艘风帆和蒸汽混合动力船"萨凡纳号"已经横渡大西洋；在1838年，两艘完全依靠蒸汽驱动的蒸汽船也横渡了大西洋。蒸汽船的兴起促成并推动了移民潮，在整个19世纪，数百万人先后从欧洲和亚洲抵达北美地区。

在蒸汽船时代，船舶的不同表现在规模上。那时，大西洋两岸的造船厂都能建造出重达数万吨、能运载数千名乘客的船只，并且只需一周左右就能抵达彼岸。到1875年，人们已经能够乘坐蒸汽动力船定期往返于不列颠群岛周围以及北美大陆的港口，如英国的利物浦和南安普敦，爱尔兰的昆士敦（现在被称为科夫），加拿大新斯科舍省的主要港口哈利法克斯，以及美国的波士顿和纽约。

英国冠达邮轮公司和白星航运公司各自选择了不同的策略来吸引乘客。冠达邮轮认为，其目标客户不只希望享受旅途中的舒适条件，更希望能快速到达目的地，于是据此建造了自己的船只。1839年，塞缪尔·丘纳德赢得了第一份英国跨大西洋轮船邮政合同，冠达邮轮从此起步。该公司后来也开始承担客运业务，并于1879年更名为冠达邮轮公司。1841

年，第一批冠有"皇家邮轮"（缩写为 RMS）称号的轮船正式投入使用。这不仅仅是一个官方头衔，它所承运的是皇家邮政的所有信件、包裹，而且兼顾货运与客运，获利丰厚。

冠达邮轮和白星航运之间的竞争如火如荼地持续了几十年。冠达邮轮是最常获得"大西洋蓝带奖"的公司，这是一个非官方奖项，授予以最快平均速度横渡大西洋的远洋轮。白星航运及另一家跨大西洋客运公司英曼航运也曾获得过这项荣誉。

在美国集团企业国际商业航运公司（IMM）于1902年收购了白星航运公司之后，英国政府也开始参与海上航运事务。几个世纪以来，无论是在军事领域还是民用领域，英国一直是海上霸主，它不会轻易地把领导权交给美国人、德国人或其他任何国家的人。在当时的保守党议员温斯顿·丘吉尔的支持下，英国政府开始资助冠达邮轮，条件是，当海上发生军事冲突时，冠达邮轮速度最快的船必须支援英国皇家海军。1906年6月，皇家邮轮"卢西塔尼亚号"建成启用。1906年9月，略微更大、更快的皇家邮轮"毛里塔尼亚号"建成并投入使用。"毛里塔尼亚号"以平均每小时43.87千米的速度，首先赢得了东行航线的"大西洋蓝带奖"——墨西哥湾流的推动和有利的天气条件，使其速度较通常更快，不久又赢得了西行航线的"大西洋蓝带奖"。这一荣誉一直保持到1930年。

在竞争对手带来的压力下，白星航运公司选择走豪华路线，而不是追求速度。1869年，船东兼国家航运公司总裁托马斯·亨利·伊斯梅收购了一家名叫"白星航运"的破产航运公司，该公司在经历了一系列船舶灾难和管理不善等问题后，陷入了财务危机。这家公司开辟了英国至澳大利亚航线的客运及货运业务，但较长的航线风险也要大得多，那时即使按较快的速度，这条航线单程仍需要两个多月才能结束。伊斯梅花了1 000英镑（相当于现在的约11.5万英镑）收购白星航运，这并不是一笔小投资，但此举可能会扩大国家航运公司在全球的影响力。第二年，威廉·伊姆里加入伊斯梅的公司，他将自己的伊姆里航运公司与伊斯梅控股的公司合并，成立了一家名为伊斯梅-伊姆里的公司。尽管有不少竞争对手，伊斯梅和伊姆里仍然以各自在跨大西洋航运方面的丰富经验，投身于激烈的竞争中。一段关于白星航运公司的记录中提到："许多乘客对帆船和移民船的低效、危险和简陋的条件越来越感到不满，于是都转向乘坐蒸汽轮船，轮船上有训练有素的船员、较好的食宿条件、明确的航行时间。这些乘客乐于为这种优质服务付费。"伊斯梅将这家新的合资企业纳入麾下，并重新以"白星航运"命名。结合其曲折的历史来看，这是一个奇怪的选择。

不过，历史依然向前。一方面是高端客户对更好的旅行条件的需求，另一方面是欧洲日益增长的移民潮带来的众多潜在乘客，跨大西洋航运的发展势不可当。1871年，白星航运公司推出了"海洋号"，这是一艘既可以由蒸汽动力驱动又可以由风力驱动的船，有1根烟囱和4根全尺寸的桅杆。这是伊斯梅的公司从贝尔法斯特一家名叫"哈兰德与沃尔夫"（Harland & Wolff）的造船厂订购的第一艘船。自那时起，白星航运公司的每一艘船都出自这家造船厂。两家公司的关系非同一般：除了独家合作外，所有船舶的建造都以成本加利润为基础，哈兰德与沃尔夫造船厂每建造一艘船可以获得制造总成本7%的附加费。这样，白星航运公司可以按照自己的规格，以稳定且可预测的价格打造不断扩张的船队，而哈兰德与沃尔夫造船厂的利润也得到了保障。

"海洋号"的处女航饱受问题困扰，但伊斯梅和伊姆里坚持己见，仍然不断地建造和推出新的船只。1871年，白星航运公司的"亚得里亚海号"从冠达邮轮手中夺走了"大西洋蓝带奖"，确立了白星航运公司在大西洋航运市场上的主要地位。

尽管伊斯梅和伊姆里有丰富的经验和最周密的计划，但在大西洋航运市场获得成功也并不是那么容易的事。规范的航行时间和有所改善的住宿条件，并没有使横渡大西洋变得更加安全。对任何航线上的运载船只来说，沿海地区的自然灾害、机械故障、船舱火灾和恶劣天气等仍然可能导致严重后果。

皇家邮轮"大西洋号"的沉没

伊斯梅的白星航运公司在1873年第一次尝到了灾难的滋味。3月20日，载有950人（最终952人，因为有两个孩子在航程中出生）的皇家邮轮"大西洋号"由利物浦出发前往纽约。然而，航行期间天气十分恶劣，影响了"大西洋号"的前进速度。船长詹姆斯·A. 威廉姆斯在稍后的官方声明中说："考虑到风险太大，无法继续前行，万一遇上大风，我们可能会失去所有补给，所以我们决定改道向哈利法克斯港行进。"然而，"大西洋号"在接近加拿大哈利法克斯港口时遇到了风暴，威廉姆斯之前从未有去往哈利法克斯港的航行经验，没能发现桑布罗灯塔——这是一个重要的地标和助航设施。"大西洋号"在4月1日凌晨3点15分左右触礁，事发地距离特伦斯湾海岸约500米。奇怪的是，除了一名12岁的男孩外，船上所有的妇女儿童——包括两名新生儿都不幸遇难；普通船员和高级船员中，有131人幸存，其中包括威廉姆斯船长，有10人遇难。这些都给威廉姆斯特别是白星航运公司带来了非常负面的影响。加拿大政府的一项调查发现，"威廉姆斯船长在灾难发生前的12或14小时内对船只的管理方式，与他身为船长的职责和能力严重不符"。

"大西洋号"的沉没是19世纪已知的最惨重的海难，讽刺的是，"大西洋号"是在大西洋沉没的，导致562人丧生。

六人
泰坦尼克号上的中国幸存者

尽管这场灾难造成了数百人丧生，但人们很快就将其忘记了。幸存者和受害者家属以及参与救援的当地人都得到了补偿。直到1905年，在白星基金提供部分资助的情况下，关于这一事件的纪念碑才得以树立起来。

约瑟夫·布鲁斯·伊斯梅

1862年，托马斯·亨利·伊斯梅和他的妻子玛格丽特生了一个儿子，取名约瑟夫·布鲁斯·伊斯梅。在约瑟夫·布鲁斯·伊斯梅的一生中，每逢商业活动和正式场合时，人们会称呼他的全名，在亲近的亲戚和同事中，大家都叫他布鲁斯。

布鲁斯先后就读于伍尔汉普敦的埃斯特利预备学校和大伦敦地区著名的哈罗公学（英国历史悠久的著名公学之一）。他还是一名优秀的足球运动员，1882年成为第一支利物浦业余球队——"漫步者队"的一员。

那时，布鲁斯放学之后就在伊斯梅-伊姆里公司当学徒，开始了解家族生意。托马斯和布鲁斯在生意上合作很默契，但他们的父子关系很紧张。托马斯还有两个儿子——杰森和鲍尔，布鲁斯是他的长子。但不管托马斯喜不喜欢，他的长子在做生意方面确实很有头脑。一位传记作家曾写道："托马斯的问题在于，布鲁斯有很多地方很像他，但也有不同于他的地方，而他对这两个方面都有所担心。一方面，他希望布鲁斯成长为和他一样的人；另一方面，他又不希望布鲁斯占据了自己的位置。托马斯一边为布鲁斯提供富丽堂皇的住所、成群的仆人和上流社会的教育，一边又因布鲁斯过得太安逸而怨恨他。在这种关系下，布鲁斯从小就认为自己不是自己，而是另一个人的失败版本。他永远不会忘记，自己是一个低劣的版本，一个不完美的复制品。"

后来，布鲁斯被任命为公司驻纽约代表，并于1887年搬到那里。他就是在那里认识了后来的妻子朱莉娅·弗洛伦斯·席费林，她是乔治·理查德·席费林和朱莉娅·玛蒂尔达·德拉普兰的女儿。乔治·理查德·席费林是纽约著名的律师，也是最早一批前往长岛的南安普敦避暑度假的人。现在，长岛是纽约富人的度假胜地。

1891年，布鲁斯、朱莉娅和他们的第一个孩子回到英国，他们后来一共育有5个孩子。布鲁斯在他父亲的公司里担任合伙人。北大西洋航线，也就是人们所说的客运航线，已经成为该公司的主要业务。白星航运公司又增添了两艘新船——"条顿号"和"国王号"，均取得巨大成功。

对那些想要抓住这一商机的航运公司来说，它们的营销方式存在一定的偏误。那时，客运航线的船舱通常分为3个不同等级的舱位和服务：一等舱、二等舱和三等舱。在阶级意识很强的20世纪西方社会，选择舱位很简单：乘客在自己能负担得起的舱位区域活动。一等舱的乘客有可能会到三等舱去，只为看看那里的景象，或许也是为了获得一些满足感；三等舱的乘客被禁止进入二等舱，更不用说一等舱了。这种隔离规定是用来禁止不同阶层混住的，至少防止低阶层的人混入高阶层。

冠达邮轮和白星航运公司，还有一些英国运营的主要航运公司，都试图吸引最有名、最富有的乘客。这其实对要占领行业市场的航运公司来说，并不是明智的推广策略。虽然这些乘客是旅行常客，每次旅费放在今天也有成千上万美元，但航运公司的主要收入来源并不是他们。相反，航运公司更希望吸引三等舱的乘客——他们大部分是离开欧洲到加拿大或美国开展新生活的移民，以填满下面的多人舱室。这里通常被戏称为"统舱"，因为在这里乘客与行船设备共享空间，统舱紧挨着船的吃水线，填满了货物、邮件和人，这才是此航程的利润来源。

新时代

托马斯·亨利·伊斯梅在整个19世纪90年代一直掌权白星航运公司，但他那个颇有些雄心壮志的儿子布鲁斯的地位也在稳步上升。在19世纪70年代和80年代，正值白星航运公司的主要活跃时期。虽然该公司仍然从哈兰德与沃尔夫造船厂订购船只，但托马斯从其他航运公司租用大量船只作为白星航运公司主要的出港船只。这样一来，一旦发生海上灾难，白星航运公司所承担的责任和义务将会降至最低，这一策略巧妙地规避了运营客运航线的风险。

尽管如此，托马斯·亨利·伊斯梅还是不希望他的白星航运公司仅仅因借用其他公司的船只经营运输业务而出名。1897年，托马斯从哈兰德与沃尔夫造船厂订购了一艘命名为皇家邮轮"海洋号"的船，与白星航运公司早期的一艘船同名。这艘"海洋号"是当时世界上最长的船——长达215米，虽然它不是最重的。在当时来说，它是一个了不起的航海设施。类似于冠达邮轮与英国政府——具体是英国海军部（皇家海军司令部）达成的协议，白星航运公司也获得了政府的部分补贴，条件是这艘"海洋号"要做出几项设计修改，以便于皇家海军在作战需要时使用该船。

"海洋号"当然不会因此而被乘客误以为是一艘英国海军的工作船。"海洋号"配备了2 000盏电灯和一个可以容纳400人的头等舱餐厅——如果满载航行的话，这里能坐下几乎所有头等舱的客人。它的舱位设计还优化了收益：除了能容纳410名头等舱乘客和300名二等舱乘客外，还能容纳1 000名三等舱乘客。对白星航运公司来说，"海洋号"是世界上最好的邮轮，白星航运公司作为跨大西洋豪华航运品牌旗手的地位得以重新确立。

托马斯去世的时间非常不可思议。"海洋号"的首航开始于 1899 年 9 月 6 日。患有心脏病的托马斯在同年 9 月 14 日心脏病发作，一直没有完全康复，最终于 11 月 23 日去世。他目睹了自己的最后一部杰作顺利出海，并在 19 世纪即将结束之时去世。托马斯是塑造 19 世纪主要的贸易与运输模式的重要人物。他在利物浦十分受人尊敬，在他的葬礼当天，全城降半旗致敬。随着父亲托马斯的去世，白星航运公司的控制权交到了布鲁斯手中，他对如何进一步提升公司的名气和声誉有自己的想法。

合并和百万富翁

商业的不断扩张需要运输大量的货物和人员，这不仅造就了伊斯梅家族和其他航运巨头的财富，那些参与铁路和相关基础设施建设的人也从中获利。白星航运公司成功地将自己定位为北大西洋两岸百万富翁阶层首选的豪华运输服务提供方，特别是服务于 19 世纪末最具影响力的美国金融家约翰·皮尔庞特·摩根这样的客户。在摩根去世 100 多年后，以他的名字命名的企业仍然是美国最大的投资银行之一。时至今日，他仍然是美国金融界的传奇。

摩根在美国多个铁路项目的投资中都表现不俗，在航运投资领域他算是个后发者。然而，凭借他的影响力和资源，摩根既不需要也无意从头开始。为了尽可能地掌握这个行业，摩根试图聚集一些已有的航运公司，将它们与他的铁路营运利益结合起来，提供一站式运输服务，并尽其所能垄断其中的贸易。这时，摩根将目光落在了一家特别的公司身上，他是这家公司的老客户，它就是总部位于利物浦的白星航运公司。

摩根的时机选得非常好，至少吸引了白星航运公司新老板的注意。摩根向白星航运公司的股东提出了一个令他们难以拒绝的报价——相当于公司最高年收益的10倍。布鲁斯·伊斯梅敏锐地意识到，摩根既有眼光又有钱，可以把公司运营得更好。白星航运公司的最终售价为3 500万美元（相当于今天的9亿多美元）。当时，布鲁斯·伊斯梅几乎是毫不犹豫地放弃了父亲花费30多年心血建立的公司。

在父亲托马斯·亨利·伊斯梅去世后，布鲁斯·伊斯梅成了白星航运公司的掌舵者。他想通过投入使用更大、更豪华的船来树立自己的功业。他首先让哈兰德与沃尔夫造船厂建造了"四大船"——皇家"亚得里亚海号"、皇家"波罗的海号"、皇家"塞德里克号"、皇家"凯尔特人号"。除了最后出海的皇家"亚得里亚海号"外，其他3艘启用时都是当时世界上吨位最大的船，每艘重达2万多吨，先后在1901—1906年完成首航。具有讽刺意味的是，"凯尔特人号"于1928年在爱尔兰附近触礁沉没。除此之外，其他3艘船一直为白星航运公司和其他航运公司服务到20世纪30年代中期。

白星航运公司一直坚持着建造更大、更豪华、更现代化船舶的标准,"塞德里克号"于1903年2月下水后,白星航运公司还开始追求一种趋势,那就是几乎每艘新船都要创下当时最大的海上构造的纪录。摩天大楼的出现还是几年后的事。在19世纪与20世纪之交,人类的主要构造物是沿水平方向延伸的和可移动的。白星航运公司的"四大船"中,每一艘的长度几乎都是1899年建成的当时世界最高建筑——纽约市公园街大楼的高度的2倍,这幢大楼有119米高。

跨大西洋军备竞赛在20世纪最初的10年间继续进行。冠达邮轮在1906年先后建造了"卢西塔尼亚号"和"毛里塔尼亚号",这两艘船成为当时世界上以最快速度横渡大西洋的船舶,并将这一纪录保持了20余年之久。在此期间,欧洲主要的造船厂更加挖空心思建造更大的船舶,有些甚至重达"四大船"的2倍。对布鲁斯·伊斯梅来说,船越大越好,这正好迎合了他的构思和规划——建造他父亲都不敢想象的巨型轮船。早在1907年,布鲁斯·伊斯梅和哈兰德与沃尔夫造船厂的董事长威廉·詹姆斯·皮尔里(即皮尔里勋爵)就开始商量建造3艘新船,并且计划将每艘船都打造成有史以来最大的海上构造,使其成为如同现在的火箭推进器一样雄伟的设施。每一艘船都会高耸于它们的诞生地贝尔法斯特;每一艘船都会是人类工程学和创造力的进步;每一艘船的启航都将需要数千劳动力,而且会成为有数千人观看的盛典。在国际商业航运公司的支持下，白星航运公司和哈兰德与沃尔夫造船厂携手合作，以成本的固定百分比作为附加费，布鲁斯·伊斯梅希望将白星航运公司打造成北大西洋航线的统治者。

皇家邮轮"共和号"：错误的教训

哈兰德与沃尔夫造船厂是白星航运公司指定的独家造船厂，但它也为国际商业航运公司的其他客户提供服务。1903年，哈兰德与沃尔夫造船厂为国际商业航运公司旗下的道明尼航运（Dominion Line）建造了一艘重达1.5万吨的船，名为"哥伦布号"。这艘船后来被转到白星航运公司名下，白星航运公司在提升了其客舱的豪华标准后，将这艘船重新投入使用，并将其改名为"共和号"。

1909年1月，"共和号"航行在从波士顿到地中海的途中——白星航运公司开发这条航线是一个双管齐下的策略：一方面，它为想要去西班牙和意大利度假的美国人开辟了一条休闲旅游路线；另一方面，它给了意大利移民一个可以直接入境美国的机会。在此次航程中，"共和号"货舱里还运载了可能是为执行环球任务的美国大型海军舰队提供的大量财物，价值可能在25万～300万美元。

这艘船载着742名乘客和船员向东行驶，途中遭遇大雾天气。船员按照白星航运公司制定的操作标准，将船只减速，并鸣响雾号。当时，在附近有一艘劳埃德-意大利航运（Lloyd-Italiano Line）的客轮"佛罗里达号"正开往纽约，同样受到了大雾的困扰，也用号角向附近的船只发出信号。

天快亮的时候，"共和号"的船长英曼·谢尔比就听到了"佛罗里达号"的警报，即刻命令自己的船全速后退，打左满舵。谢尔比用船上的哨子示意对方也这样操作。但这种操作导致两艘船遭遇了坏到不能再坏的后果——"佛罗里达号"以几乎垂直的角度撞向"共和号"的中部。这是20世纪初每个船长最害怕的噩梦——公海相撞。这一突如其来的撞击使1 600多人陷入危险之中。

"佛罗里达号"虽然遭到破坏，但还没有立刻沉没的危险，而"共和号"可能马上就会沉没。不过，白星航运公司的这艘船上配备了一个新装置——马可尼无线电装置，它可以像祈祷一样，向遥远的地方请求救援。即刻，"共和号"上发出了世界上第一个无线电求救信号——CQD（"遇险速来"），在常用缩写词CQ（"速来"）后面加上"D"表示"遇险"。美国海岸警卫队的小艇"格雷沙姆号"收到信号后迅速做出反应。至此，除了少数人在最初的碰撞中丧生，"共和号"上的所有乘客和船员都被疏散到"佛罗里达号"和"格雷沙姆号"上。逃过了一场不敢想象的海上灾难之后，"佛罗里达号"驶向纽约，"格雷沙姆号"将搭载的乘客转移到后来抵达事故现场的其他船上。尽管"格雷沙姆号"费尽力气想把"共和号"

第四章
白星航运公司

拖出来，但由于受损严重，"共和号"于1月24日在马萨诸塞州的南塔克特岛东南偏南80千米处沉没，船上的货物也随之沉没，那些货物放到现在价值可能超过10亿美元。在100多年后的今天，在海平面下不到100米的地方，它仍然是世界上最大的未被发掘的沉没宝藏之一。截至当时，"共和号"是有史以来最大的沉船。

从"共和号"的沉没事件中，白星航运公司试图吸取教训，并做好了相应的准备。海上航行最大的危险是与另一艘船相撞，特别是垂直碰撞，这会摧毁船只的一个或多个水密舱壁，从而导致沉船。有了马可尼无线电装置，遇难的船只可以发出求助信号；鉴于大西洋航线的航运业务比较繁忙，往返船只较多，发生海难后很快会有其他船只赶来救助。能够拯救海难中的乘客的并不是救生艇，更重要的是，船只在遇难后要能够在海上漂浮足够长的时间，以便幸存者能够被转移到救援船上。当白星航运公司准备为其有史以来最大的船只铺设龙骨时——每一艘的长度和重量都逐渐超过各自的姊妹船，它将那些从"共和号"的灾难中吸取的错误教训铭记在心，并将这些教训应用于新船的建造中。

"奥林匹克号"、"泰坦尼克号"和"大不列颠号"

布鲁斯希望对白星航运公司的船队进行升级改造，以实现远超于父亲的成就。在摩根的鼓励下，布鲁斯继续与皮尔里勋爵的哈兰德与沃尔夫造船厂合作，计划建造3艘巨型船只。尽管白星航运公司的船速度已经很快，但与冠达邮轮的"飞毛腿"——"卢西塔尼亚号"和"毛里塔尼亚号"相比还有一定的差距。但白星航运公司要继续其豪华奢侈路线，即使是三等舱的乘客也会惊叹于船上所提供的服务和环境。

其中，第一艘船以奥林匹斯山命名，第二艘船以被称为"泰坦"的巨人种族而命名，它们都来自希腊神话故事。从这些船的名字中足以见其重量、质量和尺寸。每一艘船都将配备一个三螺旋桨动力装置，即使用3个螺旋桨，以保证船身的稳定性和高效的航行速度。第一艘船"奥林匹克号"竣工后，长度为269.1米，宽度为28.3米，从船体底部（或龙骨）到4根烟囱顶部的高度为53.4米，重量约4万吨。从贝尔法斯特城的各个角落都可以看到这艘船建造的过程。哈兰德与沃尔夫造船厂为建造"奥林匹克号"还专门开凿了海湾。这座巨轮始建于1908年底，竣工于1910年10月。第二艘船"泰坦尼克号"的建造始于1909年3月。"泰坦尼克号"与"奥林匹克号"几乎一样长，但比后者略窄，也略重。"奥林匹克号"建造完成和投入使用后，造船厂根据其使用情况对"泰坦尼克号"进行了修改。正如计划中一样，"泰坦尼克号"下水时成为当时最大的海上构造。"奥林匹克号"和"泰坦尼克号"，以及后来的"大不列颠号"，为了不想显得比冠达邮轮的船速度慢、容量小，都建有4根烟囱——尽管事实上只有3根烟囱投入使用。第四根只不过是面子工程，为了与竞争对手的船保持同等的配置。

"霍克号"事故

"奥林匹克号"的首航和随后几次横渡大西洋的航行都没有发生意外，但在第五次航行中，这艘巨轮碰到了麻烦。在遇到皇家海军的"霍克号"军舰时，"奥林匹克号"的掌舵者是白星航运公司的船长爱德华·史密斯。当时两艘船都正在穿过索伦特海峡——这是一片将怀特岛与大不列颠主岛，尤其是与南安普敦港周围地区隔开的水域。比"霍克号"军舰大得多的"奥林匹克号"突然转弯，"霍克号"来不及躲开，船首直接撞向了大船。并没有人受重伤，但"奥林匹克号"上的两个水密舱室进水。最终，两艘轮船都顺利返回了港口，但都需要大修。当"奥林匹克号"被认定是过错方时，史密斯也被判定负有间接责任。尽管这次事故给公司带来尴尬局面，并且船只维修给公司造成了巨大的财务成本和运营收益损失，但白星航运公司没有公开斥责船长。不仅如此，当其新船"泰坦尼克号"准备出海时，史密斯又被正式任命为船长。

当"泰坦尼克号"的建造工作在邻近的海湾进行时，"奥林匹克号"的维修工作正在加速进行,"泰坦尼克号"的部分零部件和工人被借去维修"奥林匹克号"。这使得"泰坦尼克号"的启航时间从最初计划的 3 月推迟到 4 月 10 日。

白星航运公司再一次从事故中吸取了教训。海上航行不光要面对那些看不见的危险,最大的威胁是可能与另一艘船相撞。而针对这种威胁,人类的解决方案是:建造一艘足够大的船,能够在碰撞中幸存并能保持漂浮在海面上等待救援。另一艘白星航运公司的轮船也与其他船相撞了,但由于采用了最先进的水密结构,它幸存了下来。这两起事故共涉及 2 000 多名乘客,其中只有少数人因撞击而丧生。再好的救生艇也比不过建造一艘坚固的大船。尽管此时横渡大西洋的船只规模庞大,但英国贸易委员会并未发布有关救生艇或其他相关救援程序的新法规和新标准。他们认为建造能抵御撞击的船只才是安全和明智的做法。白星航运公司当然也是这样想的。

第五章

皇家邮轮"泰坦尼克号":电影和现实

1997年,由詹姆斯·卡梅隆执导的电影《泰坦尼克号》彻底改变了我们对这艘船及其历史的认识。卡梅隆导演尽了最大努力想准确地呈现真实的"泰坦尼克号"的故事——至少在船的外观和船上的乘客方面,他做到了这一点。尽管如此,这部电影还是让原本就已充斥无数传说和神话的"泰坦尼克号"被覆上了一层新的虚构色彩。

本书前面已经详细描述过,"泰坦尼克号"是一艘真实存在过的船。倘若影迷们得知,电影中的男主角杰克·道森和女主角罗丝·德维特·布卡特并不是真实存在的乘客,他们肯定会非常难过。事实上,当时的"泰坦尼克号"上确实有一位名叫"J.道森"的遇难乘客,并被安葬在加拿大新斯科舍省哈利法克斯的"锦绣草坪公墓"。虽然他很有可能像电影里的杰克一样,死于冰冷的水下,但这里的"J."代表的是约瑟夫(Joseph),而不是杰克。而在英语的名字里,杰克其实是约翰（John）的昵称。罗丝也并不是最后一个从水中获救的人，现实中最后获救的人是名男子，而且很可能是一名中国人。

1912年4月，"泰坦尼克号"是当时世界上最大的、最豪华的邮轮。那时候，能付得起这艘船船票的人并不多，很多都是欧洲和北美洲的富豪，而且他们也愿意乘坐"泰坦尼克号"旅行。尽管这些富豪家族中有许多人都拥有自己的游艇，但他们认为，像"泰坦尼克号"这样体型庞大且配有专业船员的邮轮，在横渡大西洋时安全性相对而言要高得多。在今天，像这样的富豪通常会乘坐自己的私人飞机旅行，至少也是乘坐客机的头等舱。

"泰坦尼克号"上的确有很多宝物在沉船时丢失，但并没有类似电影中出现的"海洋之心"蓝宝石那样的物品。坊间一直有传闻称，船上的保险箱里锁着一袋袋钻石等贵重物品，但是没有一名乘客或受害者亲属为这些物品提出过保险索赔。正是通过那些保险索赔资料，我们得以更深入地了解因沉船而丢失的其他物品情况，比如威廉·卡特的汽车和一些货仓托运的艺术品。三等舱的乘客所登记的丢失物品多是看起来很普通的物品，比如衣服和床单，但对三等舱的乘客而言，这些物品要珍贵得多，因为这可能就是他们的全部身家。

尽管对这段历史做了一些虚构处理，但卡梅隆创作的这部电影确实震撼人心，这在一定程度上也要归因于一点——"泰坦尼克号"的真实故事本身就已经是一个传奇。

在那一晚，确实有些悲惨的爱情故事就此终结，有人遭受了巨额财富损失，有人名誉尽毁，还有人在生死一线之间活了下来。"泰坦尼克号"的传奇故事在一个多世纪后仍然被人们津津乐道，正因为它背后的真相是如此迷人。

真实的"泰坦尼克号"启航

1912年春，英国爆发了全国性的煤矿工人大罢工，这是该国历史上第一次大规模的工人罢工活动，旨在为煤矿工人争取最低工资标准。这次罢工导致英国的进出口航运几乎停摆。罢工活动始于2月下旬，结束于4月初——也就是中国劳工登上列车前往"泰坦尼克号"的出发口岸前后，但其影响仍将持续数周。由于锅炉里没有煤，无法提供动力，大量船只滞留在港口。

白星航运公司一定觉得自己的运气快到头了。"奥林匹克号"因为与"霍克号"相撞而停运了好几个月，导致白星航运公司失去了一艘主力船。因为人力和物力被调去维修"奥林匹克号"，"泰坦尼克号"的启航时间不得不从3月20日推迟到4月10日，加上受到这次煤矿工人罢工的影响，还有可能会再次推迟。

由于"泰坦尼克号"规模庞大，白星航运公司很早就订购了航行用的煤。为了确保供应充足，该公司取消了其他西行航运班次，并将预定了那些班次的乘客和那些船上的煤都转移到"泰坦尼克号"上，因为"泰坦尼克号"的首航仍有余票。

按常理说，作为3艘巨轮中的第二艘，"泰坦尼克号"的启航仪式应该不会特别引人注目，但事实并非如此。1911年6月，第一艘船"奥林匹克号"率先启航，按照原计划，第二艘船"泰坦尼克号"会比它稍大。在经历了"奥林匹克号"撞船事故等一系列困境后，白星航运公司需要抓住"泰坦尼克号"启航的机会，再一次成为跨大西洋航运业的焦点。

尽管在过去3年中已经发生过两次撞船事故，但白星航运公司似乎并不太担心安全问题。"共和号"沉没前在海上漂浮了足够长的时间，几乎全部的乘客都得以获救。因此，白星航运公司注重建造能够承受撞船事故的船只。两船相撞的危险在于，撞击会毁坏水密舱室的舱壁，造成两个舱室同时进水。出于这一考虑，"奥林匹克号"、"泰坦尼克号"和后来的"大不列颠号"都建造了多个水密舱室，这样一来，即使船舱进水船也不会沉没。白星航运公司认为，若船只与吃水线附近的岩石或其他物体发生纵向撞击，并不会造成重大风险。

白星航运公司坚信，自己的那些巨轮不会很快沉没，甚至根本就不会沉没，因此并没有将在"奥林匹克号"和"泰坦尼克号"上配备救生艇视为当务之急。英国贸易委员会负责对英资的客货运输船进行监管,要求重量超过1万吨("泰坦尼克号"重达4.5万吨以上)的船必须配备16艘救生艇,且每艘救生艇的容积为160立方米。"泰坦尼克号"所配备的救生艇数量已经超过了要求:配备了14艘全尺寸木制救生艇,每艘救生艇可载65名成人;2艘小型应急快艇,同样是木制的,每艘可载40人;另有4艘折叠式救生艇,每艘可载47人,艇底为软木,甲板为木质,配有长条座板以及可以升降的船帆。其中2艘折叠式救生艇——编号为C和D,平放在应急快艇下面,船的两边各一艘。驾驶台所在的驾驶室上还有另外2艘折叠式救生艇。

"泰坦尼克号"上的折叠式救生艇是由恩格尔哈特船舶公司设计,并由苏格兰的麦卡利斯特父子公司根据设计建造的。像当代的宜家家具一样,帆布艇舷几乎可以完全折叠,软木艇底距离甲板只有约38厘米。照片显示,组装好的救生艇侧面长为8.53米,座位只有几厘米宽。

这些折叠式救生艇尽管在容积方面进行了优化,但有一个主要缺点:每艘重量约为450千克,需要几个人将其组装并放置在吊艇架上进行升降和装卸。C号和D号折叠式救生艇都存放在甲板上,不需过多移动便可操作,因此比在驾驶室顶部的A号和B号折叠式救生艇操作起来容易得多。

"泰坦尼克号"上的所有救生艇总共只能容纳1 178人。当它离开前往纽约途中的最后一个停靠站时,船上的乘客、高级船员和普通船员一共有2 200多人。

"泰坦尼克号"上的中国乘客

1912年，美国的移民高峰期已经过去快5年了，但移民潮还在继续。从东向西横渡大西洋的船上仍然载着很多不同国籍的乘客。但在当时，大多数乘客都来自英格兰、苏格兰和爱尔兰，爱尔兰此时仍完全由英国统治。而在1912年4月的这次航行中，登上"泰坦尼克号"的乘客共来自33个不同国家，乘客名单上出现了几个不常见的名字，至少作为白星航运公司的乘客，这些名字是不太常见的。在从欧洲到北美洲的邮轮上，亚洲旅客，尤其是中国旅客非常少见，因为那时大部分中国人是被禁止进入美国的，只有极少数中国人除外。然而，在这里，在这艘世界上最大、最豪华的邮轮的首航中，出现了8名买了船票的中国乘客。

在"泰坦尼克号"的乘客名单上，他们的名字被列在一起。这些名字的来源仍然不得而知，不知是他们自己提供的，还是他们的雇主——英国布里斯托和美国纽约的唐纳德轮船公司提供的。就当时而言，这份名单似乎也很奇怪：这8个人的名字都是只有2个字。在1912年，绝大多数中国人的名字都有3个字，分别代表姓氏、辈分和名。最有可能的情况是，名单上显示的名字是这些人使用的昵称或工作用名，使用较短的名字便于船上不会讲中文的老板称呼他们。

"泰坦尼克号"的乘客名单上列出了这 8 个人的名字和年龄，他们的职业都被归为"船员"。

姓名	年龄
Ah Lam 亚林	38
Fang Lang 丙星 / 方朗	26
Len Lam 林伦	23
Cheong Foo 张富	32
Chang Chip 钟捷	32
Ling Hee 凌喜	24
Lee Bing 李炳	32
Lee Ling 李玲	28

他们的票号为 1601，总票价接近 60 英镑。今天，同样的票的价格已超过 5 800 英镑。即使是在 1912 年，花这笔钱让 8 个人横渡大西洋也是一笔不小的投资。对"泰坦尼克号"上的许多移民来说，这次航行称得上是孤注一掷——他们卖掉了在欧洲的房产来支付昂贵的旅行费用，打包了所有的家当，只为去北美洲开创新生活，他们已没有回头路可走。而对那几名中国乘客来说，情况要简单得多。放在旅行箱里的随身物品就是他们的全部家当，就连这次去北美洲的决定都是别

第五章
皇家邮轮"泰坦尼克号"：电影和现实

人替他们做的。

那几名中国人一定觉得自己转运了。受煤炭工人大罢工的影响,他们虽然没有失业,但也无事可做。他们的雇主唐纳德轮船公司不想看到自己的员工在岸上闲待着,就决定将其货运和客运船上的一些中国船员分配到北美航线工作。唐纳德轮船公司自身并不经营跨大西洋航线,因此没法让这些中国劳工搭乘自己公司的船过去,于是给他们买了当时唯一一艘跨大西洋轮船的船票,而这艘船恰好就是当时最豪华的跨大西洋邮轮。

这些在中国南方沿海长大的人,横渡印度洋、地中海,来到欧洲北部,很快他们又要横渡大西洋,后面还会抵达加勒比海。在纽约,他们将登上一艘名叫"安妮塔号"的货轮工作,这是唐纳德公司租给大西洋水果公司用于运输水果的货轮。"泰坦尼克号"抵达对岸后,将在埃利斯岛移民检查站停留,海关边防检查机关将在那里登记和检查三等舱乘客,中国人会受到特别严格的审查。埃利斯岛移民检查站在当时是美国的一个主要入境口岸,但很少有中国人从那里入境美国,根据当时《排华法案》的规定,他们除了需要提供旅行证件外,还需要接受检疫,之后才能继续接下来的行程,与他们的船会合。

为什么这几个人要去唐纳德轮船公司的北美航线工作,我们还不得而知。目前,我们不清楚他们是被公司分配到那里，还是已经知道唐纳德轮船公司在北美洲还会继续雇用他们，因而自费前往——若情况确实如此，花费近两个月的工资购买船票似乎也是一种合理的投资。然而，由于《排华法案》，他们将不能自由进入美国港口，只能在古巴和牙买加等地找工作。

这8个人都是有经验的船员。他们彼此之间应该大多都在一艘船上工作过，尽管他们不一定认识对方。当时，在欧洲等地的各种货运或者小型客运航线上，每艘船都会有数十名中国船员，因此即便他们在同一艘船上工作过，也不一定相互认识。

根据"泰坦尼克号"的乘客名单记录，这8个人都来自香港，多数人留下的地址都是香港的德辅道，那里可能是他们最后一次停留的寄宿处，也可能是他们收邮件的办公室的地址。他们中是否有人以及有多少人真的是在香港出生和长大，目前尚不清楚。

虽然他们可能彼此之间不太熟悉，但他们都是第一次前往北美航线工作。随着船只逐渐跨越大西洋，他们再想返回欧洲或回到亚洲已经变得越来越困难。

亚林是8个人中年龄最大的一个。38岁的他，已经经历了很长一段航海生涯，但他仍然只是一名司炉工，整日只能待在机舱里。他每月的工资比其他人多1英镑，这从某种意义上说明，他应该是这群中国人的头儿。一个世纪以来，研

第五章
皇家邮轮"泰坦尼克号"：电影和现实

究"泰坦尼克号"历史的学者们一直对他的名字的英文拼写感到困惑：因为不了解中国南方的称谓习俗，许多研究者把他的名字中的"亚"（广州话习惯在人的姓氏或名字前加上这个字，一般读作"阿"）误读为"阿里"（Ali）。

方荣山在其一生中使用过多个名字。在船上时，他的名字叫"方朗"。他为什么选择这个名字，我们不得而知，尤其令人疑惑的是，他在船舶登记簿上的签名经常是"丙星"。在离开英国之前，他就已经在船上工作。在登上"泰坦尼克号"时，方荣山的年龄一栏登记的是26岁，其实他那时大概只有18岁。

人们对林伦了解甚少，除了他的年龄。事实上，林伦、李玲和方荣山在登上"泰坦尼克号"之前就彼此认识了。

张富，出生于1879年至1882年之间。他是8个人中唯一一个在船舶登记簿上签名时用"X"表示的成员，这说明他可能不会写字，也可能是不愿意签自己的名字。张富和李炳曾经在同一艘船上工作过。

钟捷，同样出生于1879年至1882年之间，一生为病痛所困扰。钟捷和方荣山两人之前曾一起在一艘名为"幽暗号"（Netherdark）的船上工作。有记录模糊的资料显示，钟捷也是从下川岛来的。

凌喜（或严喜），出生于1887年至1889年之间。在登上"泰坦尼克号"时，他可能也不怎么识字，在之前的船舶登记簿中，他偶尔也会用"X"表示签名，或只写自己名字中的一个汉字。凌喜身高约1.7米，左脸颊有一道明显的疤痕。

李炳，1879年生于台山东北部的横塘村。在被分配到"安妮塔号"上工作之前，他和张富曾在同一艘船上工作过，这艘船可能名叫"挪威号"，也可能是一艘为挪威人所有的不知名的船。

李玲，虽然名字看起来和李炳很相似，但并不意味着他们二人有何关系。除了年龄之外，关于李玲的信息甚少。只知道在登上"泰坦尼克号"之前，他和方荣山、林伦是认识的。

在到达纽约之前，他们在航行过程中应该没有什么特别的事可做。对他们来说，这一定是一种奇怪的感觉，这将是一次不需要工作的航海旅行，很可能是他们第一次带薪休假。

早在被告知将转移到唐纳德轮船公司北美业务的船上工作时，他们可能已经意识到，他们将乘坐的是一艘很特别的船，因为这艘船设有专门的列车接送乘客到达出发口岸，甚至三等舱的乘客也能享受这项服务。接送二等舱和三等舱乘客的列车是早上7点半出发。这趟专列本应在2个小时内到达港口，但由于延误，他们花了至少3个小时才到。

启航

为了在4月10日准时到达"泰坦尼克号"的出发港口，

这8个人凌晨就起床，收拾完所有行李，早早地离开了他们在伦敦莱姆豪斯区的住处。莱姆豪斯区位于泰晤士河北岸，是伦敦很多中国船员聚集的地方。他们不能错过这趟从滑铁卢车站发出的火车。

到达南安普敦后，这几个人拿着行李离开了车站。他们背着行李走了200米左右就到了登船区，行李员们正待命协助二等舱的乘客搬运行李。有一小队服务人员已经在处理头等舱旅客的行李，他们必须确保皮箱、汽车等所有行李都能进入"泰坦尼克号"的货舱。

走出火车站奔赴码头的时候，他们一定不敢相信自己的眼睛所看到的画面。对这些一直在几千吨重的船上工作的船员来说，"泰坦尼克号"几乎是他们不可想象的。这艘船比他们服务过的货轮或沿海客轮要长4倍、重20多倍。他们曾经在一艘只有1根烟囱的船上做过司炉工，那么这艘有4根烟囱的船得需要多少司炉工呢？

作为三等舱乘客，在南安普敦上船会相对容易些，因为在晚些时候船到达法国和爱尔兰的停靠站后，该舱的大部分铺位都会被填满。在詹姆斯·卡梅隆的电影《泰坦尼克号》中，你可以看到登船的场面有些混乱。实际的登船过程中确实会有一些推搡的情况，但总的来说，大家的行为都还比较文明。乘客在登船时，要先经过医生的快速直观检查，之后乘务员会引导他们前往车票号码指定的舱位。由于这8个中国人是同一张船票，所以他们会被安排在一起，要么在同一个房间，要么在相邻的房间。

4月不是欧美之间的旅行旺季，而且煤矿工人大罢工刚刚结束，尽管这是"泰坦尼克号"的首航，但它的船票并没有售罄，甚至在加上了从白星航运公司其他航运班次转过来的乘客之后，依然没有满员。即使是在载客量不满的情况下，900多名普通船员和高级船员依然将在为期1周的远洋航行中随时为1300多名乘客提供服务。

4月10日晚，"泰坦尼克号"抵达法国瑟堡港，在这里上船的主要是三等舱乘客，也有少数头等舱和二等舱的乘客。由于"泰坦尼克号"的尺寸太大了，无法进入那里的港口，白星航运公司就用渡船把新来的乘客送到这艘巨轮上。4月11日上午，"泰坦尼克号"抵达大西洋东岸的最后一站——爱尔兰南部的昆斯敦，在这里装载了更多的乘客，还有邮件。当所有的乘客和物品都上了船，"泰坦尼克号"转而朝纽约的方向前行。

"泰坦尼克号"的最后一张照片清晰地显示了它的轮廓，4根高耸的烟囱、2个伫立的桅杆、曲线优美的船尾，旁边还伴随着一艘小小的补给船。到了下午，"泰坦尼克号"一路向西航行，爱尔兰和欧洲渐渐消失在远处，前方只有平坦开阔的大海。

漂浮的社会缩影

4月9日,"泰坦尼克号"首航的前一天,该船的一些头等舱乘客前往出发城市南安普敦,在西南酒店(South Western House)过夜。住在酒店高层的客人,包括"泰坦尼克号"的主人布鲁斯·伊斯梅,都能从窗户那儿看到巨大的"泰坦尼克号"。

虽然经调整后的发船日期正值淡季,"泰坦尼克号"的头等舱里依然不乏身份显赫的乘客。虽然爱德华·史密斯船长曾在"奥林匹克号"撞船事故中负有不可推卸的罪责,但他还是被任命为"泰坦尼克号"的掌舵人。白星航运公司最新的船只出海,基本上都是由史密斯掌舵。对史密斯来说,此次航行不光有为"奥林匹克号"事故赎罪的意味,也象征着他航海生涯的谢幕——这次航行之后,船长就要退休了。

因此,一些与史密斯交好的乘客纷纷上船随行。其中包括约翰·雅各布·阿斯特四世——他被认为是当时世界上最富有的人,与他同行的是他的第二任新婚妻子玛德琳,玛德琳当时已怀有身孕;莫莉·布朗,科罗拉多一位矿业大亨的妻子,夫妻二人当时已经分居;纽约百万富翁本杰明·古根海姆和他的贴身佣人,以及他的情妇列昂廷·保利娜·奥巴尔;还有纽约著名的梅西百货公司创始人之一——伊西·斯特劳斯及其夫人。

与白星航运公司的伊斯梅一同以官方身份乘坐该船的还有"泰坦尼克号"的设计师——哈兰德与沃尔夫造船厂的托马斯·安德鲁斯，他将在航程中对该船进行巡查，寻找需要改善和修补的地方，进而改进白星航运公司的下一艘大型邮轮"大不列颠号"的设计。当伊斯梅得知自己的老板 J. P. 摩根因决定在法国度假而取消原本的登船计划时，他很可能松了一口气。同样在最后一刻取消登上"泰坦尼克号"行程的还有无线电报的发明者、1909 年诺贝尔物理学奖得主伽利尔摩·马可尼，船上就安装有他公司的无线电设备，白星航运公司邀请他参加"泰坦尼克号"的首航，但他因为紧急公务需要提前返回纽约。按计划，马可尼的家人原本将代替他乘坐"泰坦尼克号"，但在船启航之前，马可尼的儿子朱利奥病了，于是他的家人选择了留在英国直到朱利奥康复。

头等舱的位置高高在上，在比那里低得多的地方，几个中国人从船首附近的三等舱入口登船，前往他们的铺位。在"泰坦尼克号"上，三等舱乘客中单身或没有同伴的男性乘客被分配到船首位置，妇女、儿童及有家人同行的乘客被安置在更靠近船尾的位置。对这几位平时都在机舱和厨房里工作的中国人来说，他们的铺位在非常安静的地方，远离嘈杂的机械设备——这一定是一种意想不到的快乐。最有可能的情况是，这几个人被安排在靠近"泰坦尼克号"吃水线的 F 甲板或 G 甲板上的一个八人间或两个四人间里。这几个人彼此

第五章
皇家邮轮"泰坦尼克号"：电影和现实

之间可能也并不熟悉，但比起"泰坦尼克号"上的其他乘客，他们之间有更多的共同点。除了"泰坦尼克号"上的船员以及一些曾在海军服役的人外，这几个中国人应该是船上最有经验的船员了。

白星航运公司的船只向来以豪华著称，而且这种豪华程度大部分都体现在头等舱和二等舱，但在"泰坦尼克号"上，即便是三等舱也提供了比其他邮轮更高标准的服务。每个舱位，包括三等舱，都配有电灯和供应自来水的洗脸盆。船上为单身男性乘客分配了塞满稻草的床垫和毯子，但许多人还是喜欢使用自己带来的床上用品和亚麻床单。至于洗浴设施，三等舱的所有男女乘客有两个共用的浴缸。当然，在1912年，人们会每天洗脸，但每天洗澡并不常见。

三等舱的乘客可以进入船尾甲板上的一个公共休息厅，还有一个交谊厅供他们使用，里面有吧台和桌子，可以玩扑克牌等游戏。还有一些户外区域供他们呼吸新鲜空气，凝望广阔的海洋。

也许对"泰坦尼克号"上三等舱的乘客们来说，体验最好的是餐食。餐厅每天提供3顿饭，该餐厅每次可容纳473名乘客，这就需要将整个三等舱的乘客分成两拨就餐。所有舱位的乘客们都是坐下来用餐的，不同于当今的邮轮上杂乱无章的自助餐。当时，即使在三等舱乘客看来，自助餐也是不切实际和不体面的。每张餐桌可供20人用餐。早上供应早餐，正午供应一天中的正餐，下午还有一次茶点时间，晚上供应简餐。4月14日，餐厅为乘客提供的菜单如下：

早餐	中午正餐	下午茶	晚餐
燕麦片粥和牛奶	米汤	冷餐肉	燕麦粥
熏鲱鱼	新鲜面包	奶酪	小饼干
带皮烤的马铃薯	小饼干	酸黄瓜	奶酪
火腿和鸡蛋	肉汁烤牛肉	新鲜面包和黄油	
新鲜面包和黄油	甜玉米	无花果粥	
果酱	煮土豆	茶	
瑞典面包	葡萄干布丁		
茶	甜酱		
咖啡	水果		

船上没有为三等舱乘客准备的烹饪设施，所以这几名中国乘客会和其他乘客一起就餐。他们是否喜欢船上的餐食，我们不得而知，但船上确实提供了很多吃的东西。

今天的邮轮上往往会有各种各样的娱乐项目，但那时候不同，因此"泰坦尼克号"上的乘客基本上只能自娱自乐。就像当时任何一艘邮轮上的乘客一样，"泰坦尼克号"上的乘客生活是非常有规律的：自律、精力充沛的乘客可能早早起床，在甲板上散步，早起的头等舱乘客可以去"泰坦尼克号"的海水泳池里畅泳一番。然后是早餐时间，就餐结束后，乘客会在甲板上晒晒太阳，或者去拜访其他乘客。接着就是中午的正餐时间，头等舱和二等舱的乘客会为此盛装打扮。下午的时光可能用于写信或者小憩，之后是晚餐时间。晚餐过后，男人们可能去吸烟室喝一两杯酒，抽一支雪茄，和其他人聊聊天。

三等舱乘客的选择要简单得多。单身男性乘客和有家人同行的乘客不但铺位分属不同区域，吃饭和娱乐活动区域也是分开的——分别靠近他们各自的铺位，单身男性乘客的活动区域靠近船首，而有家人同行的乘客的活动区域靠近船尾。每个人都可以使用公共区域，包括那个交谊厅。除了吃饭，他们还可以组织打牌、下跳棋、下象棋、听音乐、看书，用随身携带的任何东西打发时间。他们在甲板上也有专用的户外活动空间，当然这里的视野可能没有头等舱和二等舱的开阔壮观。但是，三等舱的乘客和其他乘客一样有机会在广阔的海洋上享受新鲜空气和阳光。

这几位中国乘客可能比较喜欢独处，他们与其他三等舱乘客很少有接触。美国政府有规定，三等舱乘客不得进入头等舱和二等舱的区域，这样做是为了防止传播疾病。他们从来没有在这么大的船上工作过，也许会想到处走走看看，但会被"泰坦尼克号"上无数上了锁的大门以及禁止进入的标志挡住去路。也许，他们会从船员的视角注意到船的设计细节和那些被外行人忽略的基本操作。

他们其中的3个人可能会谈论他们的未来。方荣山、李玲和林伦对于在美国的生活有长远的计划。唐纳德轮船公司可能不知道，这3个人已经想到一个能使他们合法留在美国的方案。对他们来说，被转移到北美航线是实现梦想的开始。

方荣山、李玲和林伦在登上"泰坦尼克号"之前就认识彼此，可能是在之前工作的船上认识的，也可能是有亲戚关系，或者是在家乡台山认识的。他们制订了一个计划：集中各自及其家族的资源，三人一起开店经商。当时，由于1882年的《排华法案》和其他相关法令，大多数中国人是不被允许进入和留在美国的。不过，政府官员、学生和商人等特定群体是可以合法居留的。只需弄到一些假的身份证明，筹集一点资本，再加上一些魄力，这3个人相信他们可以做到。李玲甚至还和一个已经生活在内布拉斯加州奥马哈的中国女人苏伊订了婚，她将在他们共同选择的城市——俄亥俄州克利夫兰等待未婚夫的到来。

方荣山已经为到达美国之后的生活做好了充分的准备：登上"泰坦尼克号"时，他随身携带了6件衬衫领子——当时的男人会只更换衬衫领子，而不会买很多衬衫或频繁地清洗整件衬衫，因为购买衬衫和清洗衬衫的费用都比较昂贵。他还带了6条领带。方荣山之前都是在机舱里工作的，根本没有机会穿这些衣服，所以他这时肯定已经准备穿上这些衬衫，去做自己想做的工作了。

对"泰坦尼克号"上的所有乘客来说，4月中旬的那一周都过得很愉快。虽然有点儿冷，但天气晴朗，海面平静，航行非常顺利。因为这些有利的条件，人们开始期待"泰坦尼克号"可能会在星期二晚上提前抵达纽约，这当然也是布鲁斯·伊斯梅所希望的，这样的话"泰坦尼克号"顺利抵达的消息就可以在第二天一早见报。4月14日，乘客们继续在船上进餐、游戏、交谈，进行其他简单的娱乐活动。大多数乘客所不知道的是，无线电室收到了冰山警告并转到了驾驶室。那8名正横渡大西洋的中国人此时所想到的是家乡的亲人、未来的商机、在新国家的生活，以及如何度过接下来的几天，而不是能否熬过这一夜。

第六章

逃离

"冰山是由冰盖或冰川断裂而形成的大块淡水冰，一般漂浮在开阔海域。"北极和南极都有冰山存在，它们大小各异，有的比曼哈顿岛还大，有的则很小，被称为"碎啸冰"。

冰山有90%的部分都位于水下，露出水面的部分仅仅是整座冰山体积的1/10。你只需随便取一个冰块放在一杯水中，就会看到这种情况。形成冰山的淡水在0摄氏度结冰，而海水由于含有盐分通常在-2摄氏度左右结冰。虽然冰山是在0摄氏度形成的，但冰山内部的温度可能低至-15摄氏度，所以冰山在海洋里融化的速度通常会很慢。在脱离冰川形成冰山之前，它们往往已经形成数千年时间。因而，虽然冰山只是由水构成的，但撞上冰山就像撞上坚硬的岩石。

在北大西洋航道，春季行船时撞上冰山是常见的危险之一，虽令人担忧，但还不足以引起恐慌。曾有一些小型船只因与冰山相撞而沉没，但那些船远远没有"泰坦尼克号"那么大，也不像"泰坦尼克号"这样集如此多先进设计于一身，比如带有密封门的水密舱室。

1912年的春天对航海来说是一个特别糟糕的季节，与往年相比，洋流将更多冰山卷进了大西洋航道。4月14日，史密斯船长收到了其他船发来的冰山警告电报，为了避开电报中所说的冰山，他选择了一条比往常偏南的航线，距离通常的航线偏南80千米左右。

那时的许多船只都装有无线电报装置，有时人们直接以其发明者伽利尔摩·马可尼的名字为其命名，称之为"马可尼"。马可尼也曾差一点登上"泰坦尼克号"。这些无线电报装置也是船上的摇钱树，因为富有的乘客都喜欢通过电报和他们在陆地上的亲友们联系，就像今天的航空乘客喜欢在飞机上发送电子邮件或短信一样，虽然前者意味着要花费额外的费用。电报也是船与船之间进行通信的有效工具，可以通过它发送航行情况、天气等信息，此时的"泰坦尼克号"便收到了有关冰山的信息。

4月14日，"泰坦尼克号"继续向西行驶，逐渐靠近一片有冰山和冰原冰（覆盖在水面上的较浅的冰）的区域。之前已经有船只发现该区域的冰山，并且可能已经向"泰坦尼克号"发送了多达6次的冰山警告，但也许是因为电报员很忙，也许是因为这些警告信息没有被标记为"紧急送达"，最终并非所有的冰山警告都传到了史密斯船长或驾驶台上的高级船员那里。不管怎样，史密斯当时已经知道前方有冰山，但他并不是太担心，所以并没有进一步改变航向，也没有把"泰坦尼克号"的航行速度从42千米/小时降下来。

夜幕降临，船员和乘客们都感觉到气温明显变冷。当时雷达和声呐等先进技术都还没有被发明出来，行船过程中想要知道前方的情况如何，全凭肉眼判断。高高的桅杆瞭望台（即船首桅杆顶部的一块小平台，两个人可以站在那里监视海上的船只和其他危险）上，两个瞭望员在驻守，凛冽的海风在他们耳边呼啸。一弯新月挂在天上，那是每月夜色最浓的一晚，既没有云层也没有雾，天空中繁星遍布，海面平静。那时的船只并不像现代的汽车有前照灯，可以发现行驶途中前方的任何东西。要想看清船只前方的东西，只能完全依赖黑暗中两位瞭望员的视力。通常，他们会用双筒望远镜来协助观察。然而，在离开南安普敦前的最后一刻，一名"泰坦尼克号"上的高级船员意外离开了船，并带走了桅杆瞭望台望远镜的钥匙。"泰坦尼克号"的驾驶室也有双筒望远镜，但从未提供给瞭望员。

当天晚上11点40分，瞭望员弗雷德里克·弗利特看到前方有"一团黑色物体"正靠近"泰坦尼克号"。他敲了3次瞭望台的挂钟，然后拿起一部连通驾驶室的电话，报告道："冰山！就在正前方！"

在"泰坦尼克号"的驾驶室，接到弗利特电话的六副詹姆斯·穆迪立刻告诉了大副威廉·默多克，默多克马上下令"左满舵"，试图绕过冰山。可是"泰坦尼克号"这么大的船，

第六章
逃离

特别是在高速行驶时，需要很长的缓冲距离才能转弯或停下。船体一直转，一直转，一直转，就在"泰坦尼克号"似乎就要绕过去的时候，船体的钢板与冰山相撞，发出"嘎吱嘎吱"的碎裂声响，破碎的冰块掉落到甲板上。弗利特后来说，他以为这是一次"剐蹭"。事实上，这是一次"深切"。

末日降临

当"泰坦尼克号"撞上一座巨大的冰山时，史密斯船长正在他的船舱里，那几个中国乘客和其他被分配在船首的三等舱乘客，都感觉到并且听到了船开始崩塌的声音。

"泰坦尼克号"的右舷和龙骨都受到损害。弗利特说，他以为冰山高出水面部分有15~18米。舵手乔治·罗听到撞击声，向右舷看去，发现冰山至少有约33米高。随后，冰山很快又消失在黑暗中，再也看不见了。

史密斯船长来到驾驶室，问道："什么情况？""泰坦尼克号"的设计师托马斯·安德鲁斯前去检查船体损坏情况，回到驾驶室后告诉史密斯，"泰坦尼克号"的5个水密舱室都进水了，船将会沉没。史密斯随即下令准备放救生艇下水。"泰坦尼克号"上幸存的最高级别船员——二副查尔斯·莱托勒后来回忆道："我问他：'要不要先让妇女和儿童都上船？'船长回答说：'好的，放船下水！'"

尽管高级船员和普通船员在紧急情况下都有特定负责的救生艇和任务，但乘客事先并没有接受过任何有关疏散流程的培训或指导。船上一共有20艘救生艇，根本不够撤离船上的全部人员，怎样安排救生艇以及哪些人能够上救生艇，只能由"泰坦尼克号"上的高级船员来决定了。

在皇家邮轮"共和号"沉没之后，白星航运公司建造的船只经受得住与其他轮船的碰撞，却无法承受与自然地形的侧面擦撞。"泰坦尼克号"的水密舱壁只延伸到E层甲板，而没有延伸到船体顶层，这种设计是为了方便乘客来回走动，最终却成为致命的缺陷——当一个水密舱的进水高过舱壁后，水就会快速进入另一个水密舱。冰山没有像一艘船那样垂直地撞上"泰坦尼克号"，而是损坏了它的整个右舷和船下的龙骨，造成船体撕裂，导致5个舱室进水。

救生艇的空间不足以容纳所有乘客，但包括三等舱乘客在内的每个乘客都可以获得一个救生带——今天被称为救生衣。救生带由浮力较大的软木塞填充，表面是一层帆布，覆盖着使用者的前胸和后背。使用者先套头穿过，然后用绳子将两边牢牢地绑好。

甲板之下

这8名中国乘客在此前的航行中从没有遭遇过冰山，他们在以往的职业生涯中从来没有航行至这么偏北的区域，也没有在跨大西洋航线上工作过。但作为职业船员，一旦船上出了什么问题，他们就会意识到。当船撞上冰山时，许多乘客都还处于睡梦中，引擎关闭惊醒了许多人——一定是出了什么严重的事情，否则客轮不会无缘无故地停在大西洋中间。

三等舱乘客丹尼尔·巴克利后来做证时说道："我当时听到一个可怕的声音，立刻跳到地板上，最先注意到的是我的脚湿了，水正慢慢地溢进来……我让其他人赶紧起来，告诉他们好像有不对劲的情况，有水进来了。但他们只是嘲笑我，甚至有个人还说：'回到你的铺位上去，你现在可不在爱尔兰。'"

与三等舱的其他单身男性乘客一起被分配在位于船首的G层甲板上的那几名中国人，几乎没有来得及感到困惑，在听到并且感觉到撞击的动静后，他们便注意到船体开始向前倾斜。

"泰坦尼克号"上的几位中国幸存者究竟沿着怎样的路线从他们的铺位赶到救生艇上，又是如何在水中跟命运搏斗的？对此，这些人没有留下只言片语。但是，根据他们离开"泰坦尼克号"时乘坐的救生艇编号，以及这些救生艇的位置和下水时间，还有三等舱乘客已知的移动和逃生路线，我们可以推断出他们最有可能的转移路径。并且，当时有一名三等舱乘客与这几名中国人从同样的地方出发，登上救生艇甲板，从他的官方证词中可以看出一些可行的路线。

25岁的挪威男子奥劳斯·阿贝尔塞思是一名三等舱乘客，和那几名中国人一样，他也被分配在船首的G层甲板。通过阿贝尔塞思在美国听证会上的证词，我们可以了解到三等舱乘客被灌入的海水冲出客舱之后，爬上救生艇甲板以及之后的过程。

当船体与冰山相撞时，阿贝尔塞思与同房间的另一个人被惊醒。两人登上甲板查看情况，发现三等舱的步廊上到处都是碎冰块。一位不知姓名的高级船员试图向他们保证没有任何危险发生，但是阿贝尔塞思并不接受这个答案，他回到客舱叫醒了他的姐夫和堂兄。阿贝尔塞思告诉美国调查当局："他们俩都起来穿好衣服，我们披上大衣，都没穿救生衣。"

船体与冰山相撞之后大约20分钟，这几名中国乘客的脚已经被水浸湿了。他们在船上的位置非常靠前，所以最早感觉到船体与冰山撞击的动静和船首的倾斜，进入船舱的水显然不是来自水管爆裂。他们从铺位上下来，穿好衣服，抓起一些私人物品，和那几名挪威男子一样，开始向相对较高的船尾方向走去。在接下来的两个小时里，越来越多的三等舱乘客开始到处寻找更安全的地方，但大多数都是徒劳。

在"泰坦尼克号"上的所有乘客中，除了二等舱有一名来自日本的乘客细野正文和一名来自海地的黑人乘客约瑟夫·拉罗什外，这8名中国人可能是特征最明显的外国乘客了。

第六章
逃离

有一点很明确，那就是你的客舱离救生艇越近，就越能优先坐上救生艇，即便没有优先权，也比其他人有更大的机会。这意味着头等舱的乘客会先上救生艇，然后是二等舱的乘客。"泰坦尼克号"上的救生艇仅能容纳船上大约一半的人，如果每艘救生艇都装满乘客并顺利下水，每一位乘客都能获救，但不包括船员。三等舱的乘客根本不知道这些，也没有任何一名高级船员或普通船员会告诉他们。

阿贝尔塞思称，他和同伴前往靠近船尾的三等舱寻找两名同行的挪威女孩，然后他们一起上了船尾甲板。这时，阿贝尔塞思和他的堂兄又回到甲板下为大家取救生衣。阿贝尔塞思并没有具体说明他们是从哪儿拿到的救生衣，但不太可能是回到他们位于船首的客舱取得的，因为当时那个客舱应该已经被淹没了。

阿贝尔塞思发现，三等舱乘客可以利用位于船尾的货运起重机登上甲板。"当时有很多三等舱乘客正在攀爬其中一架起重机，甲板上的这些起重机原本用来起吊重物——我猜它们能吊起重达2.5吨的东西。"他说，"那些三等舱乘客依靠这些机器，爬过栏杆，登上甲板——很多人都是这样做的。"

抵达救生艇甲板就意味着能够在第一时间登上救生艇。午夜过后，离"泰坦尼克号"的救生艇甲板最近的头等舱乘客接到了船上乘务员的警报，开始聚集在舱外的甲板上，不过多数人都不清楚危险的严重程度，并表示不愿意离开这艘巨轮。

在正常运行时，船上有一项规定，禁止三等舱乘客到上层甲板，包括救生艇甲板。三等舱的乘客最高只能去到 C 层甲板，即便如此，也只能到位于船尾的三等舱普通房间。他们从 E 层甲板上的一扇大门上船，再各自前往他们在 E 层或其他层甲板上的船舱。正因如此，在遇到紧急情况时，这一大群乘客需要穿过完全陌生的区域，摸索通往救生艇甲板的路。

曾任阿德菲大学统计学教授的戴维·格莱克在他的著作《营救"泰坦尼克号"上的三等舱乘客：修正历史》（*The Rescue of The Third Class on the Titanic: A Revisionist History*）中，描述了三等舱乘客抵达救生艇甲板的 20 条可能的路线。"泰坦尼克号"的乘务员指挥三等舱乘客通过一条名为"苏格兰大道"的长廊向船尾聚集。

这几名中国乘客没有太多逃生的选择。眼前的一切就要被水淹没，并且"泰坦尼克号"的水密舱门已自动关闭，这严重限制了他们在客舱内的逃生路径。对他们这样被安排在船首三等舱的乘客来说，唯一的逃生路径就是通过船首三等舱楼梯向上走。他们的首选便是 E 层甲板上的主通道——苏格兰大道。

苏格兰大道位于 E 层甲板上，几乎贯穿了整艘船。船员们在这条路上来回穿梭，避开了头等舱和二等舱乘客的视线范围。三等舱乘客，特别是住在船首客舱的男性乘客也经由这一通道进入位于船尾的三等舱公共休息室。

大约午夜时分，这几名中国人和其他三等舱单身男性乘客逃出进水的客舱，沿苏格兰大道去往船尾的三等舱公共休息室。本来就住在船尾的三等舱家庭之后也来到公共休息室，"泰坦尼克号"的船首正在下沉，而住在船尾的他们并没有像船首的乘客那样感受到事情的严重程度。

在公共休息室里，这几名中国人和其他三等舱乘客都在等待着。他们不知道自己在等什么，"泰坦尼克号"上的乘务员也不知道，因为并没有特别针对三等舱乘客的撤离计划。但公共休息室暂时没有进水，随着船继续下沉，休息室变成了船上的最高点，似乎比其他地方更安全。然而，公共休息室并没有直接通往救生艇甲板的通道，可只有到达救生艇甲板，乘客才有逃生的希望。

另一条逃生路线是通过船尾的三等舱楼梯，尽管这几名中国人很少使用这个楼梯，但他们在几天前从E层甲板的三等舱入口登船时应该已经知晓此处楼梯了。沿着楼梯一直爬到顶部，就离船尾的救生艇很近了。

阿贝尔塞思和其他几名挪威人则等着通过一个梯子或楼梯从船尾甲板直达救生艇甲板，但被一扇门挡住去路。"我不知道门是不是锁着的，但它是关闭的，所以他们没能过去。过了一会儿，两个挪威女孩正站在那里，有一名高级船员过来,呼唤所有妇女去救生艇甲板。然后,那扇门就开了,两个女孩上去了。"

阿贝尔塞思说:"我们又在原地停留了片刻,然后他们说:'每个人都来。'我不知道说话的人是谁,但我觉得应该是一名高级船员。我不能确定,但确实有人说'每个人都来',然后我们便上去了。我们走到船的左舷,左舷正有一两艘救生艇不见了(原文如此,应该是指离开)。不管怎样,那里有一艘救生艇。我们就站在那里看船员放下救生艇。我们看到一些船员把妇女抱起来,然后把她们扔进救生艇。我们看着他们放下救生艇,左舷这边再没有其他的救生艇了。"

救生艇下水

历史学家围绕"泰坦尼克号"上救生艇的下水顺序和下水时间展开了激烈的争论。"泰坦尼克号"沉没后,英国沉船事故调查小组展开的调查(也被称为英方调查),首次梳理了救生艇下水的时间线。除此之外,至少还有三个救生艇下水时间线得到普遍认可。本书将依据由"泰坦尼克号"学者比尔·沃姆施泰德、塔德·菲奇和乔治·贝赫制定的时间线进行叙述。

为什么"泰坦尼克号"救生艇出发的顺序很重要?因为"泰坦尼克号"的历史是由目击者的证词和经验证据结合而成

的。目击者的证词——虽然我们都很愿意相信,因为它可能出自我们认识和信任的人之口,但实际上极其不可靠,尤其是形成于危急时刻或紧急时刻的记忆。而且,当一个人听到了其他当事人的描述时,他的记忆很容易被影响和渲染。在拼凑"泰坦尼克号"沉没时间表的过程中,这就是一个严重的问题。有人可能会声称自己目睹了某一事件,但其实这件事发生时他已经离开,比如,当事件发生时,这个人所在的6号救生艇已距离"泰坦尼克号"1公里之外了,他不可能看到。因此,针对所发生的事件和事发时间建立一个准确、周密的记录是至关重要的。

有没有可能中国乘客在救生艇甲板上待了很长时间,但没有人注意到他们?鉴于他们出现在某些救生艇上的记录相对完整,却没有任何关于他们等待救生艇或在"泰坦尼克号"的顶层甲板上活动的记录,我们可以推断他们在救生艇甲板上待的时间应该相当短,这有助于我们推断出他们从位于船首的住处到救生艇甲板的时间线。

离开"泰坦尼克号"的第一名三等舱男乘客是法希姆·雷亚尔·扎因尼,他把自己的名字英译为菲利普·赞尼或菲利普·泽尼。尽管被赶出救生艇两次,赞尼最后还是跳上了6号救生艇。6号救生艇是从左舷降下的第二艘救生艇,在晚上12点55分至凌晨1点10分之间驶离"泰坦尼克号"。大约10分钟后,又有两名三等舱的单身男性乘客登上了9号救生艇。

这表明，三等舱男性乘客从他们位于船首的舱位可以比较快到达救生艇甲板并登上救生艇。

1915年5月，"卢西塔尼亚号"在发生事故后不到20分钟就沉没了。1916年11月，"泰坦尼克号"的姊妹船"大不列颠号"碰上水雷后在海上漂浮了不到一个小时。与之相比，"泰坦尼克号"撞上冰山后并没有很快沉没，而是在海面上漂浮了2小时40分钟，这挽救了数百人的生命，使20艘救生艇中的18艘得以正常装载并安全下水。"泰坦尼克号"的疏散工作太过缓慢，在船撞上冰山1小时后，第一艘救生艇才下水。

救生艇甲板上，妇女和儿童优先登上救生艇。在右舷，大副亨利·怀尔德安排"妇女和儿童优先"登上救生艇；在左舷，二副查尔斯·莱托勒执行了"只允许妇女和儿童"登上救生艇的政策，这里唯一获准登上救生艇的男性是被指派到特定救生艇上的船员，他们负责划船和操舵。

船在继续下沉。在公共休息室的中国乘客和其他三等舱乘客都可以感觉到他们所在位置的角度在不断倾斜，很明显，他们不该待在这里。

这几名中国人这时很可能离开了休息室，想自己找到去往救生艇甲板的路径。他们沿着原路返回E层甲板和苏格兰大道。靠近苏格兰大道尾端的是船尾的二等舱楼梯，位于一扇应急门后面。他们应该就是在那附近登上"泰坦尼克号"

第六章
逃离

的，也许他们在登船时或是在去公共休息室的路上并没有注意到那里，但这时应急门已经打开，也许是被人推开的，露出了上行的楼梯。那楼梯可以直接通向救生艇甲板，这几名中国乘客只要沿着楼梯往上走，就能抵达船尾的救生艇。

船尾的救生艇有位于左舷的 10 号救生艇和位于右舷的 13 号救生艇。据说中国幸存者张富被安排在 13 号救生艇，日本幸存者细野正文被安排在 10 号救生艇。不管怎样，重要的是，必须确定张富究竟是在 10 号救生艇上还是在 13 号救生艇上，因为由此能确定这几名中国乘客到达救生艇甲板的大概时间，以及为什么他们中有一半的人是乘坐右舷最后一艘救生艇离开的。

10 号救生艇在凌晨 1 点 45 分出发，13 号救生艇在凌晨 1 点 15 分出发。虽然这几名中国乘客有可能分头到达救生艇甲板，但我们猜测他们应该一直待在一起，直到"泰坦尼克号"快要沉没。如果张富在凌晨 1 点 15 分乘坐 13 号救生艇离开，那就说明这几个中国人是在救生艇装载下水过程中期登上甲板的。但这样一来就很奇怪，因为其他 7 个人中有 4 个人一直等到倒数第二艘救生艇——C 号折叠式救生艇才得以逃生，也就是说他们在甲板上待了相当长的时间。

更重要的是，存在有力的证据证明，二等舱乘客细野正文在更早时离开救生艇甲板，并乘坐 13 号救生艇离开，而张富和其他中国人晚些才到达救生艇甲板，张富乘坐的是 10 号救生艇。

细野正文从未提过他乘坐的救生艇编号。他先是跑到救生艇甲板，但因为是外国人而被送回低层的甲板，后又得以返回救生艇甲板。他应该很熟悉船尾的二等舱楼梯，因为那是他和其他二等舱乘客登上"泰坦尼克号"的地方。在13号救生艇下水之前，二等舱的乘客，无论男女，都早在凌晨1点05分就开始乘坐9号救生艇离开。

细野正文说，当时他正站在一艘救生艇附近，这时负责的高级船员喊道："还有两个人的位置。"有个男人跳上救生艇，细野正文见状紧随其后。13号救生艇几乎满员，估计有60名乘客——这是一级水手弗兰克·奥利弗·埃文斯在美国听证会上做证时估计的数字。相较而言，10号救生艇上空位置很多，首席面包师查尔斯·乔因在英国听证会上做证说，他和其他船员曾下到A层甲板上去寻找女性乘客，并把她们带到救生艇上。

当时，并不是每个人都留意到张富和细野正文。劳伦斯·比斯利是乘坐13号救生艇离开"泰坦尼克号"的乘客之一，他后来出版了一本书——《泰坦尼克号的失事》，是早期关于这场灾难的最著名的书籍之一。阿尔伯特·考德威尔也在13号救生艇上，他经常谈及自己和家人在"泰坦尼克号"事故中以及之后的经历。这两个人都从来没有提到过他们曾看到一名亚洲乘客在13号救生艇上。比斯利在他的书中只是

第六章
逃离

重复了伊斯梅后来所说的"4个中国人"。在听证会的证词中，一级水手爱德华·J.布利没有提到他负责的10号救生艇上有任何亚洲人。埃文斯说他以为在他负责的救生艇上有"一个外国人"。

当被告知有两个男人在自己负责的10号救生艇的船底时，餐厅服务员威廉·伯克做出如下回应："我说：'有吗？'我看了看船底，抓住那两个人，把一个拖了出来。我觉得他一看就是日本人，不会说英语。我向他解释，并把他放在桨手的位置上。另一个人在我看来是意大利人，大约18英石①重。我试着用意大利语和他说话，他说的是，'亚美尼亚人'。他只会说这些。我同样把他放在桨手的位置上。"10号救生艇上确实有一位亚美尼亚籍男性乘客，名叫内尚·克雷科里安。如果同船的那个亚洲人不会说英语，那他应该不是细野正文，细野正文曾经受过大学教育，会说俄语和一些英语。而据悉张富连汉字都不认识。

伯克的叙述与同样登上10号救生艇的幸存者玛丽·福琼的叙述有相同之处。根据一家报纸的报道："他们和一名中国人、一名意大利司炉工以及一名身着女装的男子被安排在一艘救生艇上。那个身着女装的男子尽了自己最大的努力，但他似乎对船桨很不熟悉。这名男子穿着女式裙子和衬衫，还

---

① 英石是不列颠群岛使用的英制质量单位之一，被英联邦国家普遍采用。1英石≈6.35千克。——编者注

戴着一顶女帽和面纱。"可惜了福琼夫人的想象力，并没有证据表明有任何男性乘客穿上了全套女装登上救生艇。

相似的描述也出现在伊丽莎白·安妮·梅林格的叙述中。佛蒙特州的一家报纸曾报道过，在她乘坐的救生艇上"只有两名男性乘客，一名亚美尼亚人和一名中国人，他们都不太会说英语"。梅林格和她的女儿是乘坐14号救生艇获救的，这艘救生艇上确实有一名中国人和一名意大利人，但那是在五副哈罗德·洛返回出事海域搜寻幸存者之后的事了。

此外，据伯克说，10号救生艇还空着很多位置，因为当五副哈罗德·洛那晚返回出事海域时，他得以把"12或15名乘客"转移到10号救生艇上，然后又带着埃文斯和另一名船员继续寻找幸存者。

根据这些明显的证据，我们可以推断细野正文在13号救生艇上，张富在10号救生艇上，这样一来可以推定那几名中国人抵达救生艇甲板的时间是在接近凌晨1点45分时，这样张富才有时间登上10号救生艇。10号救生艇是两侧船尾的最后一艘救生艇，也是最后一艘全尺寸的木制救生艇。从那一刻起，所有获救的机会就都在船首而不在船尾了，这就需要一个反直觉的生存策略：人们需要离开"泰坦尼克号"正在上升的船尾"高地"，而要朝着低处吃水线方向走，在那里有至少5艘救生艇可以提供给人们一个生还的机会。

随着10号救生艇的离开，"泰坦尼克号"已经有15艘救

第六章
逃离

生艇下水。剩下的 2 号救生艇位于左舷，是一艘小型应急木船，还有 4 艘折叠式救生艇。5 分钟后，即 1 点 50 分，2 号救生艇离开，为 C 号和 D 号折叠式救生艇的组装和下水腾出了空间。

C 号折叠式救生艇和伊斯梅的逃离

关于 C 号和 D 号折叠式救生艇的装载下水，存在一些争议，尤其是 C 号折叠式救生艇。"泰坦尼克号"的主人布鲁斯·伊斯梅是乘坐 C 号折叠式救生艇逃生的，他说在乘客登上救生艇的过程中没有发生骚动，他也没有听到枪声。威廉·欧内斯特·卡特是一名头等舱乘客，他与伊斯梅同时登上 C 号折叠式救生艇。卡特和掌管 C 号折叠式救生艇的舵手乔治·罗的说法都与伊斯梅相似。三人均表示，登船和下水过程中没有发生任何问题，在船下水后，也没有任何妇女或儿童被遗忘在甲板上。伊斯梅和罗在美国听证会上证实了这一点，伊斯梅在英国听证会上也是这样说的。

然而，据其他目击者称，在登船过程中有争斗发生，"泰坦尼克号"的高级船员和普通船员不得不阻止三等舱的男性乘客上救生艇。头等舱乘客休·伍尔纳做证说，他和同为头等舱乘客的毛里茨·霍坎·比约恩斯特罗姆-斯特凡松协助船员将男性乘客从救生艇上带走，以便妇女和儿童可以登上救生艇。有关中国幸存者和 C 号折叠式救生艇的这一点和其他争议，后文将详细讨论。

无论是否发生争执，4 名中国男子（我们通常认为是亚林、钟捷、李炳和严喜）最终登上了在凌晨 2 点下水的 C 号折叠式救生艇。"泰坦尼克号"已经下沉到离水面只有 4.5 米的高度。下沉过程中，船体一直向左舷倾斜，以至救生艇在下降的过程中总是刮到"泰坦尼克号"的一侧。

另外 3 个中国人在哪里？最后一个正常下水的是 D 号折叠式救生艇，但他们中没有一人登上 D 号折叠式救生艇。A 号和 B 号折叠式救生艇都没来得及装载下水，就被海水冲出了"泰坦尼克号"的甲板。沉船事件发生后，一篇看似无关的新闻报道似乎说明了这一点。

爱揭示一切

这是一个痛失爱人的故事。来自奥马哈市的一位准新娘揭示了"泰坦尼克号"最后时刻的一部分信息，以及被粉碎的多年梦想和精心规划。1912 年 4 月 20 日，《阿克伦灯塔报》（*The Akron Beacon Journal*）发表了一篇标题为《失去爱人，中国女佣不愿苟活》的文章，这无疑是一个吸引人的标题，但其副标题中的"泰坦尼克号"字样更吸引人们的注意力。洗衣女工苏伊失去了她的爱人，而且是在有史以来最著名的海难中失去了他。

"在克利夫兰,有一个黄皮肤的中国女孩苏伊,她明亮的黑眼睛里流露出一种死一般的悲伤。就像纽约的一些时髦女性正焦急地等待着'泰坦尼克号'头等舱上亲人的消息,苏伊也迫切地想知道三等舱乘客的下落。"苏伊的住址是克利夫兰安大略街1291号,离现在的摇滚名人堂和伊利湖南岸的克利夫兰布朗队的足球场很近。

苏伊是从奥马哈来到克利夫兰,准备与林伦结婚的。她很可能出生在美国,因为那时对一个女人来说,从中国移民到美国是极其困难的。林伦与另外两个朋友——方荣山和李玲会一起前往克利夫兰。据苏伊说,林伦之前去过克利夫兰,他打算在那里开一家商店,从中国进口商品,并计划雇用方荣山和李玲做店员。等与爱人苏伊结婚后,他的这一计划就圆满了。这正是当时中国移民心目中的"美国梦"。

报道称:"现在苏伊除了用她所有的嫁妆买香烛,在爱人林伦的小画像前烧香祈福外,再无其他事情可做。对她来说,生无所求。她通过一位翻译说:'我现在只想死。'"

尽管这个故事很悲伤,但它揭示了一些以前不为人知的关于"泰坦尼克号"上中国乘客的事情。至少,它让我们知道"泰坦尼克号"上的中国乘客林伦、方荣山和李玲这3个人是彼此认识的,他们一起旅行和工作,计划抵达纽约后前往克利夫兰,而不是像他们的雇主唐纳德轮船公司所认为的那样，转到"安妮塔号"上工作。

面对"泰坦尼克号"的沉没，当所有中国乘客一起前往甲板时，他们3人应该是始终在一起的。他们的相互扶持不幸变成了一项自杀约定。方荣山和李玲跟随着他们未来的雇主，当他们3人或是其中一人在救生艇上找不到位置时，3人就一同落水了。

在冰冷的海水中

有一个流行的谬论，称"泰坦尼克号"上许多乘客的死亡都是由于冷水引起的自发性心脏病发作。"泰坦尼克号"沉没当晚的海水接近冰点，但冷水不会在人体内引起这种反应。相反，朴次茅斯大学的迈克·蒂普顿教授最早提出一种说法——"冷休克"，对不习惯接触冷水的人来说，如果冷水很快进入身体，就会导致猝死。当人迅速进入冰冷的海水中时，比如从"泰坦尼克号"的栏杆上跳入海里，不由自主地吸气会导致水进入肺部，这会造成最严重的直接风险。"泰坦尼克号"上的乘客和船员当时不会知道这一点，一些人担心如果等到最后一刻会被"泰坦尼克号"吸入水中，故选择先跳入水中。因此，一开始的许多遇难者并不是冻死的，而是溺水而亡，尽管救生衣的浮力足以让他们漂浮在海面上。

李玲和林伦身上究竟发生了什么，我们可能永远也不会知道，我们只知道他们没有活下来。最后一批离开"泰坦尼克号"甲板的乘客中，有些人被船的残骸或倒塌的烟囱撞死。如上所述，也有些人可能因冷休克而溺死。但在船真正沉没后仍一息尚存的人最终大多数都死于体温过低。根据他们的穿着和在冷水中的经验推断，他们的身体机能可维持20~30分钟的时间，要么游动，要么漂浮在海面上，以尝试寻找能够拯救他们的一艘船，甚至是一块残骸。

身体在水中的散热速度是在空气中的20倍。对一个健康的成年人来说，在气温为24摄氏度的一天里穿着短袖会是舒适愉快的，但在同样温度的水里待大约1个小时甚至更短的时间，就会开始感到寒冷，所以潜水者和冲浪者会穿上潜水衣以保持身体的温度。在"泰坦尼克号"沉没30~45分钟后，开始有第一批落水者因体温过低而丧生，紧接着有其他人也遭遇了同样的命运。

这时，离开冰冷的海水是生存的关键，即使是寒冷的空气也不会像冰冷的海水那么致命。二副莱托勒等人趴在被掀翻的B号折叠式救生艇上，从而幸存下来，尽管他们的衣服已经湿透。

方荣山为生命而战

挪威乘客奥劳斯·阿贝尔塞思没能登上救生艇，与他的几个挪威同伴一起跳进了海里。他在证词里说:"当时有很多人都在附近水域漂浮着,我正在水里游着,突然有一个人,他就这样抓住我的脖子,把我向下压,试图爬到我身上。我对他说:'放开。'当然,他一点也不在意我说什么,但我还是摆脱了他。后来又有一个人,他紧紧抓住我,持续了一段时间,但他还是放手了。然后我就一直游,我也说不清具体游了多久,但肯定有15分钟或20分钟左右,不可能再长了。然后,我看到前方有一片黑色的东西。我不知道那是什么,但我朝那儿游过去,那是一艘折叠式救生艇(A号折叠式救生艇)。"

方荣山所面临的处境应该和阿贝尔塞思一样。他在黑暗中与同伴失散,在寒冷的水中摸索着,试图寻找另外两个人,也希望寻找到什么能够救他命的物体。他、李玲和林伦一直等到最后一刻才跳下水,方荣山鼓励他们坚持住,尽管他知道他们不像自己那样会游泳。他真的相信救生衣能让他们浮在水面上,他们只要坚持到找到救生艇就行了。

他浑身麻木,手已经失去了知觉。他的脖子周围,也就是空气和水相接的地方,有一股寒气,这让他感到非常不舒服。他在水里挣扎着,试图把头露出水面,以便寻找救生艇或任何他能抓住的物体。终于,他的手碰到了一个比较大的物体。他敲了一下,感觉到那是一块木板,足够支撑他。方荣山后来说,他爬到木板上面,并用皮带或绳子把自己固定在上面。至少在那一刻，他是安全的，但是寒冷继续侵蚀着他的生命。

在那18艘安全下水的救生艇中，只有一艘返回"泰坦尼克号"沉没地点附近，试图营救更多的人。五副哈罗德·洛是一名经验丰富的水手，他脾气暴躁，曾开枪吓跑试图登上救生艇的男性乘客。当时，他把14号救生艇上的大部分妇女和儿童都转移到其他救生艇上，以腾出更多空间去救那些可能幸存的人。洛带着10号救生艇上的两名船员——布利和埃文斯，回到了"泰坦尼克号"沉没地点附近，但那时海面上的尖叫声已经消失了。

洛失望了。詹姆斯·卡梅隆在电影《泰坦尼克号》中准确而辛酸地描绘了这一场景：洛和他的船员们划着船经过了几十具尸体，他们不断呼叫着幸存者。他们拖上来了一个胖胖的人，是头等舱乘客威廉·霍伊特，但没过多久他就死了。一名中国男子漂浮在一块木板上，当救生艇划过时，他勉强动了动，表明他还活着。最终，仅有"泰坦尼克号"的餐饮部船员哈罗德·查尔斯·威廉·菲利莫尔、意大利籍二等舱乘客埃米利奥·伊拉里奥·朱塞佩·波尔塔卢皮和一名在乘客名单上登记为"方朗"（即方荣山）的中国男子被救出。

为了确定方荣山在水里待了多久，以及他能够在水里待多久，笔者参加了一项由朴次茅斯大学蒂普顿教授指导的浸水实验。这项实验需要笔者在12摄氏度的水中浸泡35分钟，水漫及颈部。尽管"泰坦尼克号"沉没当晚的水温为0~2摄氏度，但蒂普顿教授拒绝将水温降至12摄氏度以下，他认为这是不人道的，只为了实验也没有必要这样做。

在实验过程中，由于体温持续下降，全副武装的笔者在最初10分钟和最后10分钟几乎都在发抖。由于处于静止状态，身体周围可以形成一层薄薄的温暖的水，以延缓热量的流失。但当时的方荣山没办法这么做。身处海水中的他，四周都是痛苦挣扎着的身体，他只有不停地游动，为了给自己找个安全的地方，也为了使自己不被别人当作救命工具。

朴次茅斯大学的浸水实验最能说明问题的是两项手工任务：将螺母拧到螺栓上，再在一块木板上用绳子打个结。笔者在浸水后做这两项任务所用的时间都是浸水前的2~3倍。尽管理解任务内容，也希望更快地完成每一项任务，但要用冰冷的手掌和手指尽可能快地完成任务从生理层面来说根本是不可能的。之后，考虑到方荣山所身处的海水的温度要比实验中的水温低10摄氏度甚至更多，蒂普顿教授推算，方荣山找到那块救他一命的木板并爬上去所花的时间一共不会超过15~20分钟。若时间更长的话，方荣山的身体根本不会灵活到能从水中爬上木板，更不可能像他所说的那样用皮带把自己绑在木板上。

一个奇怪的事情是，"泰坦尼克号"的首席面包师查尔斯·乔因在英国针对"泰坦尼克号"沉船事件的官方调查中做证说，当他意识到船要沉下去时，他躲进自己的船舱喝了"一口利口酒"。在宣誓证词中承认这件事，倒是很有意思，因为这意味着当班的乔因在紧急情况下喝酒。当被进一步询问时，乔因说他喝了"半玻璃杯"的酒，虽然没有做标准的测量，但半玻璃杯大约有89毫升。乔因一直否认自己喝醉了。

尽管饮酒会让人感觉更暖和，但它实际上会使人体温下降得更快。乔因和英国调查法庭的成员都认为，他喝的酒救了他的命。如果非要说的话，那就是这名面包师不胖，也没有其他身体优势，但他确实活下来了。酒精会抑制身体正常的体温调节反应，而且酒精和体温过低一样，都会削弱人的记忆力和体能，不管我们是否记得，是否愿意相信这一点。

乔因称，他在水里待了"两三个小时"，靠一只手抓着B号折叠式救生艇翻起的龙骨而存活下来，他至少有一次试图爬上去，但是没有成功。他并没有提及自己是否穿了额外的保暖衣物，即使他穿了，衣服湿了后也没什么保暖效果。就像有许多人声称自己是乘坐最后一艘救生艇离开"泰坦尼克号"的，乔因声称他是最后一个离开大船掉入水中的人。由于喝了一大口酒——据他自己说是"烈酒"或蒸馏酒，面包师对事件的感知和记忆可能受到了影响。我们在查看有关"泰坦尼克号"的证词时，发现那些幸存者的回忆往往并不准确。乔因很可能在水中，并且试图爬上翻转的折叠式救生艇，这个过程可能持续了大约30分钟。乔因在另一名厨房职员艾萨克·梅纳德的协助下，紧紧抓住漂浮的救生艇，直到最后被拖进12号救生艇并获救。尽管承认自己在当班时喝了酒，但乔因没有受到处罚，后来他在"奥林匹克号"上继续为白星航运公司服务。

4月15日，天刚刚亮，"泰坦尼克号"所属的白星航运公司的竞争对手——冠达邮轮运营的皇家邮轮"卡帕西亚号"在第一缕晨光的照耀下抵达现场。由亚瑟·罗斯特伦担任船长的"卡帕西亚号"原本正驶向地中海，在收到"泰坦尼克号"的求救信号后，立刻改变了路线，连夜向西北方向飞驰，抵达沉船地点。

早上5点45分，C号折叠式救生艇出现在"卡帕西亚号"附近。在接下来的几个小时里，分散在各个救生艇上的"泰坦尼克号"所有幸存者都被转移到了"卡帕西亚号"上。"泰坦尼克号"的13艘固定式救生艇被放到了船上，而所有4艘折叠式救生艇都被留在海面上，其中包括之后再也没有出现过的C号折叠式救生艇。一个月后，白星航运公司的"海洋号"发现了A号折叠式救生艇，并将其打捞上来。当时，救生艇上有3具被"卡帕西亚号"船员抛弃的尸体。这3个人的身份没有得到确认，无论是"卡帕西亚号"的船员还是"海洋号"的船员都没有将其妥善安葬，之后船又漂走了。被派往事故现场寻找尸体的"麦凯·班纳特号"的船员看到了B

号折叠式救生艇，他们试图将其打捞起来，却没有成功。

6名中国幸存者最终在"卡帕西亚号"的甲板上得知了彼此的命运，在冰冷的海水中或是在救生艇上度过了痛苦的几个小时后，他们又团聚了。他们无疑都克服了巨大的困难。"泰坦尼克号"上的2 226名乘客和船员中，共有703人幸存。三等舱的男性乘客中，只有75人获救来到"卡帕西亚号"上（也有人估计只有59人）。尽管左舷实行了"只允许妇女和儿童"登上救生艇的政策，右舷实行了"妇女和儿童优先"登上救生艇的政策，但仍有一些家庭全部死亡，包括1986年沃尔特·洛德的书《此夜永难忘》中描述的古德温一家8口，这家6个孩子中最小的西德尼，当年被确认为"泰坦尼克号"上的无名儿童。

8个中国人中有6人幸存下来，这件事几乎让人难以置信。10名丹麦乘客中只有1人生还。327名英国乘客中，223人随船沉没。从国籍来看，只有西班牙乘客（共有7人，其中6人幸存）和日本乘客（细野正文）的存活率较高。船上的15个克罗地亚人全部遇难，33个保加利亚人全部遇难。

三天后，"卡帕西亚号"驶入纽约。在正常情况下，所有抵达纽约的客轮都会先在埃利斯岛停留办理移民手续，尤其是针对三等舱乘客。然而，由于"泰坦尼克号"幸存者所面临的特殊处境，"卡帕西亚号"绕过了埃利斯岛，直接驶向"泰坦尼克号"的泊位，在到达正常下船的码头之前，神秘地卸下了13艘木质救生艇。

在1912年,根据1882年通过的《排华法案》,中国移民被禁止进入美国。只有在美国出生并能证明这一点的中国人,以及具有外交官、学者、商人或游客身份的中国人才能进入美国。第一次抵达美国的人将被询问他们的身份、背景和家庭情况,然后才能获准入境。

当"卡帕西亚号"靠岸时,成千上万人聚集在港口见证这一历史性时刻,其中有的是船上乘客的亲友,有的是围观者。根据有关当时场景的记录,起初,人群是沉寂的。在第一批乘客开始下船后,人群中开始爆发哭声,有的人是喜极而泣,有的人则是确认亲友永远不会回来之后悲痛大哭。现场充斥着闪光灯的声音,记者们蜂拥前去采访头等舱幸存者,其中就包括当时丹佛的社交名媛玛格丽特·布朗,后来被好莱坞改名为莫莉,她确实宣称自己"永不沉没"。伊斯梅悄悄溜到白星航运公司副总裁菲利普·富兰克林位于东61街的家中。社会救助会等组织负责照顾那些需要帮助的人,特别是179名三等舱幸存者中的儿童和新丧偶的妇女,她们刚来到一个陌生的地方,没有丈夫,也没有财产。

中国乘客没有受到相应的接待,甚至连当地社会救助会提供的一杯咖啡或一条毛毯都没有。相反,他们又在"卡帕西亚号"上度过了一个夜晚。第二天早上,他们被美国移民官员和唐纳德轮船公司的代表送到曼哈顿岛的另一边,登

第六章
逃离

上他们的工作船"安妮塔号",并于 4 月 20 日随船离开纽约。在接下来的日子里,在他们不在场的情况下,这几名中国人被指责造成了那些孩子、母亲和丈夫的死亡,并被指控以不光彩的、可耻的手段逃离了"泰坦尼克号"。

第七章

懦夫、偷渡者、假扮女人

从"卡帕西亚号"抵达纽约的那一刻起,有关"泰坦尼克号"上中国乘客的故事以及他们在船上的行为的传闻就出现了,但没有一个是正面的。

《布鲁克林鹰报》(*Brooklyn Eagle*)在报道中引用了一位没有透露姓名的"'泰坦尼克号'幸存者"的话:"在整个可怕的灾难中,最奇怪的一件事是,当他们登上'卡帕西亚号'时,救生艇上出现了5名中国人。没有人知道这些中国人从哪里来的,也不知道他们是怎么上救生艇的,但他们确实在那里。"

"从沉没的'泰坦尼克号'上获救的人中有6名中国人,他们在'泰坦尼克号'离开英国之前,就藏在船上的一艘救生艇中。当船和冰山相撞时,这几个中国人并没有惊慌。他们知道如果'泰坦尼克号'有沉没的危险,救生艇就会降下来。他们每个人都有披肩,当他们听到船上有人喊'女士优先上救生艇'时，他们用披肩把自己裹起来，让船员们相信他们是女人。"《每日电讯报》(The Daily Telegraph)的这则报道至少在获救中国人的人数上是正确的。

在接受佛蒙特州一家报纸的采访时，伊丽莎白·梅林格夫人夸大其词，她说当时有一个中国男人抱着一个包裹，不停地说，"救救美利坚的宝宝"(Save Mellican Baby)（她这样讲，是因为她认为许多亚洲人说英语时会把 L 和 R 的发音混淆）——这个中国男人便被允许登上 14 号救生艇了。后来，据她说，这个"宝宝"被发现只是这名男子的一些衣物。梅林格夫人讲述的故事中漏洞不止这一个，14 号救生艇上根本没有中国乘客获救，至少在方荣山被从水里拖出来之前是没有的。而当方荣山获救时，梅林格夫人和女儿已经被转移到 10 号救生艇上了，她们根本不可能目睹方荣山获救的场景。

以上的例子只是众多新闻媒体报道中的 3 例，这些媒体对中国幸存者的报道都是负面的，声称他们的行为可耻。

在"泰坦尼克号"出事之前，似乎很少有人注意到船上有中国乘客，而到了"卡帕西亚号"上，当知道 8 名中国乘客中有 6 人幸存时，似乎所有人都见过他们。他们是如何登上救生艇的？至少对许多其他乘客来说这是个谜，以至让人怀疑他们一定是用了什么见不得人的手段才登上救生艇的。

当时报纸的报道对这些中国乘客提出了 3 项具体的指控，尽管这些指控本身看起来就相互矛盾：第一，他们强行进入C号折叠式救生艇，即便被拿枪指着也拒绝离开；第二，他们是偷渡者，先偷偷上了"泰坦尼克号"，然后又偷偷藏进了"泰坦尼克号"上的救生艇；第三，他们以不光彩的手段——伪装成妇女登上"泰坦尼克号"的救生艇，违反了救生艇登船秩序，以至造成登船过程延误或使其他男性乘客无法登船。

一个多世纪以来，这些说法和指控玷污了"泰坦尼克号"上中国幸存者的声誉，因此我们将对每一个说法进行详查和分析。问题的关键是：C号折叠式救生艇上的4名中国男子以及10号救生艇上的张富，他们出现在救生艇上是否妨碍了其他妇女和儿童的获救？

评估和方法

本书这部分包含一些技术性内容，希望读者阅读这部分内容时有一点耐心。从"泰坦尼克号"上幸存的中国乘客为此蒙羞已经超过一个世纪了，笔者希望读者能抽出一两个小时的时间，对"泰坦尼克号"上中国乘客的行为进行客观分析。

这一分析主要依据的是1912年美国参议院听证会和英国沉船事故调查小组听证会的证词，前者有时也被称为美利坚听证会或美国听证会，后者也被称为英国听证会或贸易委员会听证会。

美国听证会于1912年4月19日在纽约开始，一直到1912年5月28日才结束。听证会的地点是在纽约华尔道夫阿斯托里亚酒店，这家酒店的持有者之一约翰·雅各布·阿斯特四世正是"泰坦尼克号"沉船事件中的遇难者，这确实有一点残忍和讽刺。后来，听证会地点被转移到华盛顿特区，以方便负责监督调查的7名参议员在调查进行过程中还能处理其他工作。

英国听证会是在"泰坦尼克号"的高级船员、普通船员以及伊斯梅都返回英国后开始的。"泰坦尼克号"的所有者虽然是美国国际商业航运公司，但其直接所有者白星航运公司的总部仍然设在英国，"泰坦尼克号"也插着英国国旗，而且白星航运公司的注册地点是利物浦。由于英国贸易委员会监管着整个英国航运业，它可能会因为没有要求白星航运公司的船只装置更多救生艇而受到指责，因此它要求自己进行调查也在情理之中。

考虑到"泰坦尼克号"沉船事件导致的死亡人数，所涉及的名人和富人，以及媒体对该事件的大量报道，大西洋两岸的幸存者和公众都要求得到官方回应及问责。没有人愿意把这场造成近1 500人死亡的、世界上最大的轮船失事事故的责任仅仅归咎于冰山而匆忙结案。因此，必须有人对此负责。

关于目击者，"泰坦尼克号"的3名最高级别职员——船长史密斯、副船长怀尔德和大副默多克——都已随船沉没。不过，伊斯梅活了下来，同样幸存的还有二副莱托勒、三副皮特曼、四副博克斯霍尔和五副洛。其他幸存的重要船员还包括发现了冰山的瞭望员弗雷德里克·弗利特和初级无线电报员哈罗德·布赖德。"泰坦尼克号"撞上冰山的那一刻，布赖德正坐在马可尼电报机旁，并发出了第一个求救信号。

一些研究"泰坦尼克号"的历史学家认为这些调查就是为了粉饰，他们认为官方听证会并不想把真正的责任推给任何人，尤其不想问责白星航运公司。这些研究人员认为，那些幸存者到达纽约后接受报纸采访时所说的话，以及幸存者之间或幸存者与其家人之间的私人信件更有说服力。在社交媒体出现之前，人们很少会在公共场合透露他们的个人隐私。

如果以判定证词真伪为目的的话，两次官方听证会中给出的证词应具有更高的可信度。这些证词是有关"泰坦尼克号"从启航到与冰山相撞、沉没以及救生艇被"卡帕西亚号"发现和救援的官方记录。此外，这两次听证会都发生在"泰坦尼克号"沉没后的3个月内，其中伊斯梅的做证是在"卡帕西亚号"抵达纽约后不到24小时开始的，距离"泰坦尼克号"失事仅仅100多小时。这两次听证会也都使之后的政府有所行动，改变了政府对航运业的监管政策，比如增加了救生艇数量、应急准备、乘客演习，以及至今仍在运行的国际冰山巡逻队。最重要的是，这两次听证会都具有法律效力，

第七章

懦夫、偷渡者、假扮女人

都是由政府机构执行的，任何人被发现在听证会上撒谎都可能面临法律责任。此外，关于中国乘客的行为以及C号折叠式救生艇装载下水的情况，绝大多数已知的和可以被核实的信息都来自这两次听证会的官方证词。布鲁斯·伊斯梅、舵手亚瑟·约翰·布莱特、舵手乔治·罗和食品储藏室的管理员阿尔伯特·皮尔西都在C号折叠式救生艇上或曾经协助C号折叠式救生艇装载下水，他们在证词中详细描述了他们在C号折叠式救生艇上的情况和当时周边的情况。

为了准确、客观地再现"泰坦尼克号"沉没时发生在C号折叠式救生艇上的一切，我们考虑了所有可用的资料。其他一些来自非官方调查的证据也为当晚的事件提供了有价值的线索。当然，官方听证会的证词并非万无一失，有些证人的证词中明显存在夸大、遗漏和错误的信息。在下一章中，我们将根据流传至今的各种说法，对每一项针对中国乘客的指控进行评估。

遗憾的是，我们没有发现任何由中国乘客本人提供的与当晚有关的材料。他们从未接受过有关"泰坦尼克号"的调查和采访，也没有留下任何记录他们对有关事件看法的私人文件。

庆幸的是，我们还有一个首次使用的独家信息来源：根据恩格尔哈特船舶公司的原始蓝图，我们按1:1的比例重新建造了一艘折叠式救生艇。众所周知，已有研究者复制出了

"泰坦尼克号"和白星航运公司的木制救生艇,但这艘折叠式救生艇可能是几十年来第一次被复制。事实证明,这对于了解C号折叠式救生艇的真实历史和在它上面发生的故事具有异常宝贵的价值。

第七章
懦夫、偷渡者、假扮女人

第八章
C号折叠式救生艇

百年尴尬

1955年,沃尔特·洛德的书《此夜永难忘》及之后据此改编的电影,让欧洲人和北美人想起了"泰坦尼克号"的沉没在20世纪早期所带来的文化和社会影响。后来,詹姆斯·卡梅隆拍摄了一部震撼全球的电影《泰坦尼克号》,使这艘船的故事比这艘船在20世纪初的名气更盛。非常巧合的是,《此夜永难忘》这本书的出版距离"泰坦尼克号"沉没的时间是43年,几乎也是在《此夜永难忘》出版43年后,电影《泰坦尼克号》上映。

1985年9月,沉睡在海底的"泰坦尼克号"沉船被发现,使得有关这艘船的传说重回大众视野。沉船残骸的照片显示,船体有的部分保存非常完好,有的部分却几乎无法辨认。那时,"泰坦尼克号"的幸存者中仍有一些人健在,人们对"泰坦尼克号"的历史又重新燃起了兴趣,随即也出现了大量有关"泰坦尼克号"的新书、纪录片,詹姆斯·卡梅隆执导的全球巨制《泰坦尼克号》更是将人们的这股热情推到极致。与以往改编的电影相比,这部电影更多地展现了三等舱乘客的故事,让我们看到了三等舱乘客的多样性,其中还出现了一名中国乘客。

这股重新燃起的热情,使得"泰坦尼克号"事件中的每个方面几乎都被拿出来重新审视。乐队演奏的最后一首歌是什么?那个"无名儿童"的身份是什么?"加利福尼亚人号"原本是否能救得了"泰坦尼克号"上的乘客?加之《泰坦尼克号》电影公映前,沃尔特·洛德本人在1986年出版了新书《永远的泰坦尼克号》,由此掀起了新一轮重新研究和评估"泰坦尼克号"历史的浪潮。

然而,尽管这股新的研究浪潮汹涌而来,但"泰坦尼克号"上6名中国乘客的幸存从未成为焦点,至少除中文作品外,没有其他语言的相关研究作品面世。有很多英文书籍专论"泰坦尼克号"上的爱尔兰人、犹太人、阿拉伯人,甚至唯一的黑人乘客。2013年,中国社会科学院大学外国语学院院长程巍出版了一本《泰坦尼克号上的"中国佬"》,书中审视了当时的社会经济状况和中国乘客所受的待遇。还有一些中国记者对这些"泰坦尼克号"上的中国乘客做了一些研究,根据美国国家档案馆提供的文件辨认出了他们的中文名字。但是,这些研究并没有深入调查那些针对中国乘客的指控是否有任何事实依据。

证词

以下这些证词来自美国听证会和英国听证会的官方记录，应该是跟中国乘客相关的唯一官方叙述。这些证词大多数涉及C号折叠式救生艇上的乘客，还有一些涉及10号救生艇和13号救生艇上的亚洲乘客。

布鲁斯·伊斯梅和被安排负责掌管C号折叠式救生艇的舵手乔治·罗在两次听证会中都做证说，在黎明时分看见有4名"中国佬"或者"菲律宾人"在救生艇上。据"泰坦尼克号"的史料记录，除了日本人细野正文和几名中国人外，没有任何菲律宾人或其他亚洲人以乘客或船员身份上船，所以乔治·罗所说的出现在救生艇上的只有可能是中国人。乔治·罗在美国听证会的第7天做证时首先提到了他们。

文件号8080：除了你们几个船员，其他乘客都是妇女和儿童吗？

——除了伊斯梅先生和另一位先生。天快亮时，我们发现了另外4个男人，我想他们是中国人或者菲律宾人。

文件号8081：这几个人是不是在39人之外的？

——是的，先生。

文件号 8082：剩下的 39 人中除了两位先生——伊斯梅先生和另一位先生，都是妇女和儿童吗？

——是的，先生。

文件号 8083：天亮的时候，你们发现有 4 个中国人或菲律宾人藏在座位底下？

——并不是在座位底下，先生。他们是在座位和座位之间。我们的救生艇大约是第 9 个到达"卡帕西亚号"的。那天夜里很冷，但船上的人都裹得严严实实，没有受苦。

伊斯梅在美国听证会的第 11 天简短地提到了这些中国人。

文件号 14410：船上有多少男性？

——三四个。我们离开大船后，发现有 4 个中国人藏在座板下。我想他们也可能是菲律宾人。一共有 4 个人。

在英国沉船事故调查小组的听证会上，这两名证人的证词与他们在美国听证会上的证词如出一辙。乔治·罗在第 15 天首先出庭。

文件号 17648：为什么？告诉我是什么情况？

——我发现船上有 4 个中国人。

文件号 17649：他们在哪里？

——我当时看不见。

文件号 17650：他们是在船上的什么地方吗？

——天亮的时候他们就在那里了。

文件号 17651：我想你不知道他们是怎么进来的吧？

——是的，我不知道。

文件号 17652：除了 3 个中国男性外，其他人都是妇女和儿童吗？

——是 4 个中国男性，此外还有伊斯梅先生和卡特先生。

文件号 17653：我知道有两个男性乘客。除了船员和 4 个中国人，其余的都是妇女和儿童吗？

——还有两位先生。

伊斯梅在第二天，也就是英国听证会第 16 天出席做证。

文件号 18563：船上除了有妇女、儿童和一些船员之外，还有两名乘客——你和卡特先生，我说得对吗？

——是的，船上还有 4 个中国人。

文件 18564：4 个中国人，我们听说，他们是在船被降下后被发现的？

——是的。

第八章

C 号折叠式救生艇

以上这些是唯一提到中国乘客在 C 号折叠式救生艇上的证词。食品储藏室的管理员阿尔伯特·皮尔西也是乘坐 C 号折叠式救生艇离开"泰坦尼克号"的,但他的证词中并没有提到他们。

方荣山的获救

五副哈罗德·洛曾乘 14 号救生艇返回"泰坦尼克号"沉没区域继续搜寻幸存者,并救出了另外两名中国幸存者之一的方荣山。洛在美国听证会上做证时显得有点儿暴躁。他从未指出他返回沉船区域后救出的 4 个人中有一个是中国人(方荣山),也没有提到他和他的船员从海里救出这 4 个人的顺序。洛只提到了其中一位被救上来的人,那就是头等舱乘客威廉·霍伊特,他在被拉上救生艇后不久后就去世了。洛在证词中还补充说,他在搜救海域没有看到任何女性的尸体,这似乎有些奇怪。

哈罗德·洛在美国听证会上做证时说:"所以我把我所在救生艇上所有的乘客——大约 53 名,平均分配到另外几艘救生艇上。"这里他所说的是 10 号、12 号救生艇和 D 号折叠式救生艇,它们与 14 号救生艇连在一起。洛希望将他的 14 号救生艇腾出更多的位置,这样他就可以回到离失事地点更近的地方搜寻幸存者。

乘务员乔治·克罗是登上14号救生艇的幸存者，他和洛一起返回失事地点寻找还活着的人。他在美国听证会上的证词中简短地提到了方荣山。

伯恩参议员：（乘务员哈罗德·菲利莫尔）活下来了吗？

克罗：是的，先生，还有一个日本人或年轻的中国人，我们是在一块漂浮着的木板上找到他的，那块木板可能是一个餐具柜或桌子的残骸。

关于方荣山的获救，最详细的描述不是来自哈罗德·洛或乔治·克罗，而是来自二等舱乘客夏洛特·科利尔。夏洛特本来是和她的丈夫哈维以及他们的女儿玛乔丽同行，后来她和女儿乘坐14号救生艇离开"泰坦尼克号"。夏洛特坚称，在14号救生艇上的很多乘客都转移到其他救生艇后，她留在了14号救生艇上，并与洛一起回到失事地点："然后，（洛）费了很大劲把我们船上的大多数妇女转移到其他救生艇上。这大概花了半个小时。这样他的救生艇几乎腾空了，他很快切开连接的绳索，我们就去寻找幸存者了。"不知道为什么洛会把个别妇女还留在船上，而不是像他在证词中说的那样把她们全部转移。

第八章
C号折叠式救生艇

再往前行驶了一点,我们看到一扇漂浮的门板,那肯定是在船沉没时被扯掉的。有个人躺在门板上面,脸朝下,是个瘦小的日本人。他用绳子把自己紧紧绑在那个不太结实的门板上,利用断裂的合页把绳结系牢。据我们观察,他可能已经死了。每当海水冲到他身上时,门板就上下晃动,他被冻得僵硬在那里。有人呼唤他时,他并没有回答,高级船员犹豫是否要救他。

"有什么用?"洛先生说,"他很可能已经死了,即使他没有死,还有其他人比日本人更值得救!"

洛先生其实已经把我们的救生艇调头,但又改变主意回去了。那名日本人被拖上船后,一名妇女按压他的胸口,其他人则揉搓他的手脚。没过多久他就睁开了眼睛。他用自己的语言跟我们说话,见我们听不懂,他就自己挣扎着站了起来,大约5分钟后就恢复了体力。旁边有一个船员累得已经几乎划不动桨。日本人见状便急忙过来,把船员从座位上推到一边,拿起桨,像个英雄似的划起来,直到我们最终获救。我看到洛先生目瞪口呆地看着他。

"天哪!"洛咕哝着说,"我为我说过的关于那个小家伙的话感到羞愧。如果有机会的话,我会再救像他这样的人6次。"

六人
泰坦尼克号上的中国幸存者

夏洛特·科利尔的描述非常精确，同时又有些奇怪。在她的描述中，方荣山"躺在门板上面，脸朝下，是个瘦小日本人。他用绳子把自己绑在不太结实的门板上，利用断裂的合页把绳结系牢"，这个描述与方荣山自己的描述几乎完全吻合，当然他不是日本人。他落入水中后游离了沉船，穿过水中的幸存者和遇难者，然后爬上一大块漂浮的木板，并用绳子把自己绑在上面。

但夏洛特其他的描述就十分奇怪了。在纽约听证会上的证词中，洛说话非常直接，比如他会直接使用"意大利人"这个词，而乘务员乔治·克罗则用的是"除英国人或美国人以外的一些外国人"。洛在使用"意大利人"这个词时显得非常冷酷，以致当时的意大利驻纽约总领事要求他道歉。因此，洛还为将这个词用作贬义词而公开道歉。然而，在同一份证词中，洛却从未提及他从水中救出的人中有一名亚洲乘客。而据夏洛特说，洛先是花了很多的时间和精力确定那是个"日本人"，然后大声说他不会救一个看起来已经死了的人，后面又出于某种原因回头把他救了上来。当那个人苏醒过来，并且开始划桨的时候，洛又大声地赞扬他。克罗的证词中也没有提到洛曾说过这些话。

这并不是洛第一次从水中救出亚洲乘客。在1904年或1905年时，洛在蓝烟囱轮船公司的一艘往返于英国与亚洲之间的客轮上工作，其间他曾跳进水中救出了一名落水的"中

第八章
C号折叠式救生艇

国人"。

奇怪的地方还在于，夏洛特声称"日本人被拖上船后，一名妇女按压他的胸口，其他人揉搓他的手脚"。这种情况的真实性很难评估。洛提到他的手下曾试图救活威廉·霍伊特，但其他几个获救者似乎没有得到任何关注。克罗对此也只字未提。当然，有可能是14号救生艇上的女性帮助他施救——如果当时确实还有女性在14号救生艇上的话，但是女性和非白人男子之间的这种身体接触在当时看来是不寻常的。

夏洛特·科利尔的描述自1912年4月首次发表以来，受到了大量的怀疑和审视。沉船事件发生后，科利尔一贫如洗。她和丈夫哈维卖掉了他们所有的财产，准备移居美国，随哈维和船一起沉没了的还有他口袋里的500美元，这是他们开始新生活所需要的钱。夏洛特接受了《旧金山呼声报》（*San Francisco Call*）支付的报酬，该报连同《半月刊》（*Semi-Monthly Magazine*）杂志一起刊登了她的故事。由于夏洛特是收了钱讲述她的故事，这让一些人认为，夏洛特很有可能会夸大自己的经历，以使得故事更详细、更刺激。后来，夏洛特还收到了1 965美元的捐款，这些捐款来自《半月刊》的读者，他们被她的故事以及她和女儿玛乔丽当时所处的绝境触动。但不管怎样，夏洛特关于营救方荣山一事不可思议的描述让我们相信，她当时确实在14号救生艇上。

张富：几乎没人注意他

在第六章中我们提到过，按照之前既定的观点，中国幸存者张富在13号救生艇上，日本幸存者细野正文则在10号救生艇上。但是，根据在第六章中提供的大量证据，我们后来猜测，张富应该是在10号救生艇上。

我们并不能非常确定地说10号救生艇上的这名中国乘客就是张富，他有可能是张富，也有可能是我们认为的在C号折叠式救生艇上那4个人中的某一位。但我们可以确定，这名乘客不是方荣山。为简单起见，我们继续将这位出现在10号救生艇上的中国人视为张富。有人注意到他出现在那里，但他远没有像在C号折叠式救生艇上的中国幸存者那样激起如此大的负面声音。

在美国调查的第7天，一级水手船员爱德华·J.布利提到他负责的救生艇，即10号救生艇上有一名或多名亚洲乘客。

> 弗莱彻参议员：你认为12号救生艇（原文有误，应为10号救生艇）上没有男性乘客吗？
>
> 布利：后来有人告诉我，船上有几个日本人。他们不可能上得了我们的船，除非他们打扮成女人。
>
> 弗莱彻参议员：你知道他们是否真的在船上吗？
>
> 布利：我只能说我从没在船上见过他们。

第八章
C号折叠式救生艇

布利说他从来没有在自己的救生艇上看到过一个亚裔男子，但我们可以看到这份官方记录引出了这样一个概念——有一名亚裔乘客可能打扮成女性进入救生艇。不过，细野正文也通常被认为是在10号救生艇上。

酒吧服务员弗雷德里克·雷是在13号救生艇上的幸存者，他清楚地记得救生艇上有一位亚洲乘客。

> 史密斯参议员：我想知道你所在的救生艇上有多少名头等舱的男性乘客。
>
> 雷：不好说，先生。有一个日本人。我记得很清楚，有一个日本人在那里。我不知道，因为我分不清二等舱和三等舱的乘客。

司炉工长弗雷德里克·巴雷特曾短暂负责过13号救生艇，虽然在英国听证会上被来回询问了各种各样的问题，但他从来没有提到过13号救生艇上有亚洲乘客。13号救生艇上的三等舱乘客丹尼尔·巴克利在做证时也从未提及船上有亚洲人。同样在13号救生艇上的劳伦斯·比斯利在"泰坦尼克号"沉没数月后出版了《泰坦尼克号的失事》一书，他在书中只是重复了伊斯梅所说的在救生艇座板下有4个中国人的说法，但他似乎也没有注意到自己所在的救生艇上有亚洲人。阿尔伯特·J.考德威尔也是在13号救生艇上获救的，他当时刚在曼谷待过两年，对亚洲人的外貌应该比较熟悉，但他也没有注意到船上有任何亚洲人。比斯利和考德威尔都没有在英国和美国的官方听证会上做证，在后来的书面或口头陈述中他们也没有提到相关事情。

折叠式救生艇

在进一步评估上述证据和证词之前，我们需要多了解一些关于"泰坦尼克号"上的折叠式救生艇的信息，以及它们与大多数幸存者逃生乘坐的木质救生艇有何区别——这将对理解后文有很大帮助。

在"泰坦尼克号"沉没前的半个小时里，船上只剩下 4 艘折叠式救生艇，它们由恩格尔哈特船舶公司设计，由苏格兰的麦卡利斯特父子公司为白星航运公司建造。每艘折叠式救生艇长 8.53 米，宽 2.6 米，深 0.94 米。这里的深度是指从龙骨底部到组装好后的船舷顶部的距离。每艘折叠式救生艇可安全容纳 47 名乘客。

"泰坦尼克号"除了装载有 14 艘木制固定救生艇和 2 艘应急救生艇外，还有 4 艘折叠式救生艇，被折叠存放在不同的位置上，折叠式救生艇的软木和木棉底部以及帆布侧边被压缩到只有 30~35 厘米。

在需要的时候，这些折叠式救生艇可以在 20~30 分钟内组装好：它们的帆布侧边将被拉起，并用销钉固定。乘客们坐在薄木板凳子上，或者说是和船一样宽的座板上。然后，这些折叠式救生艇从标准吊艇架上下水。

虽然折叠后看起来相对紧凑，但每艘折叠式救生艇的重量仍超过450公斤，需要几个人协力组装，再将其移动到位，以便从吊艇架运载下水。

A号和B号折叠式救生艇的存放位置非常不利于装卸，它们被固定在驾驶室的顶部。如果需要将其投入使用，船员们必须爬上驾驶室的顶部，松开折叠式救生艇的固定装置，把它们搬运到甲板上，然后组装、运载、下水。

不可能偷渡

"泰坦尼克号"上的中国人不是船上的乘客——这是当时一个比较常见的误解和指控。一些报道把他们当作船员，更有甚者把他们当作偷偷溜上船的偷渡者。如前所述，这8名中国人都是买票上船的三等舱乘客，票号为1601，票价为59英镑9先令11便士。他们在"泰坦尼克号"上绝对是合法的、有证件的乘客。

据《每日电讯报》报道："从沉没的'泰坦尼克号'上获救的人中有6名中国人，他们在'泰坦尼克号'离开英国之前，就藏在船上的一艘救生艇中。"公平地说，这些中国乘客应该是船上所有外国人中特征最明显的了，按照《每日电讯报》的说法，他们必须首先在没有被船员注意到的情况下进入"泰坦尼克号"，然后要爬到救生艇甲板层，还要选择一个恰好从"泰坦尼克号"的驾驶室几乎可以直接看到的藏身之处安顿下来。所有这一切还都是在白天进行，并且他们还要想方设法避开少数可以进入救生艇甲板层的人——其中就包括"泰坦尼克号"上最富有的乘客和船上的高级船员。他们还需要带上一周的食物，除非他们打算忍饥挨饿，减缓身体机能运转。尽管他们有一张正式有效的船票，可以在下面温暖、干净的卧铺睡觉，可以每天享用三餐，但他们还是要冒这个险。再说，如果这些不可思议的假设都是真的，那为什么8个中国人中只有4人藏在这里？由此看来，这类报道不仅仅是存在误解或夸大，甚至完全是凭空捏造的。

1号木制救生艇挂1号吊艇架上，这是右舷第一救生艇的位置，在它下方是C号折叠式救生艇。在与之对应的左舷位置上是2号救生艇和D号折叠式救生艇。折叠式救生艇上的软木和木棉底部以及帆布侧面被压缩到30~35厘米。1904年由造船厂拍摄的建造初期的图片中，人们站在漂浮的救生艇上，两侧还没有立起来，高度还不到脚踝处，这样的结构根本没有足够的空间供人藏身，更何况是4个人。

即使这几名中国乘客是在"泰坦尼克号"开始下沉之后才藏进C号折叠式救生艇中，他们也需要完成一项集欺骗性和耐力于一身的非凡壮举。要做到这一点，他们首先必须要到达救生艇甲板层——最好是在"泰坦尼克号"撞上冰山后的1个小时内。在下达了疏散令后，船上一片混乱，甲板上挤满了"泰坦尼克号"的高级船员、普通工作人员和头等舱乘客，他们的外表没有一个看起来和中国乘客相似的。在同一个吊艇架上的救生艇准备装载、下水时，这4名中国乘客不得不藏在一个未组装好的折叠式救生艇里。在他们所藏身的折叠式救生艇准备装载、下水时，他们还得在不被人发现的情况下藏在里面长达4个小时。一个人得跟中国人有什么深仇大恨，才会相信这样一个完全荒谬的故事。

对这些说法持怀疑态度的人可以想象一下，去宜家购买一大套平板家具，把自己藏进去，并在运送和组装过程中一直藏在那里而不被人发现。

坦白地说，如果这种传奇故事是发生在某一艘固定的木制救生艇上，至少我们还可以想象。毕竟这些固定的木制救生艇用帆布覆盖，吊在吊艇架上，船底有更大的空间。倘若是说4个人藏身在这样一艘救生艇里，还稍微有一点可信度，否则就只剩下荒诞可笑了。

根据书面记录，确实有一名乘客躲在救生艇里。他叫菲利普·赞尼，前文提到过，他是第一个成功进入救生艇的三等舱乘客，他在俄亥俄州奈尔斯市接受《奈尔斯日报》(*Niles Daly News*)采访时说，为了不让"泰坦尼克号"上的一名高级船员把他赶出救生艇——应该是6号救生艇,他躲藏在一条座板下面。

报纸是这样描述的:"当时,四面八方都异常混乱,男人们都在放救生艇下水。赞尼试图跳上其中一艘救生艇,但是救生艇上的一名高级船员手里拿着一把手枪站在那里,所有的男人都被迫向后退,听从"妇女优先"的命令。赞尼第二次试图跳上救生艇,但还是没有成功,他再次被那名高级船员命令退后。但过了一会儿,赞尼趁船员转身时跳了进去,落在了救生艇中间的位置。他就躲在一个座位的下面,然后救生艇就被拖走了。"

尽管赞尼违抗了"泰坦尼克号"高级船员的命令,登上救生艇,但无论是负责6号救生艇的船员还是和赞尼在同一艘救生艇上的乘客似乎都没有责备他,也没有向试图阻止他上救生艇的高级船员报告。当赞尼向当地记者讲述自己这段故事时,他不仅感到理所应当,甚至还借此机会批评了船上的一名女性乘客伊丽莎白·简·安·罗思柴尔德,因为她还救了自己的狗,一只博美犬:"当幸存者被送上'卡帕西亚号'时,他所在救生艇上的一名妇女恳求他救救她的狗,自从离开'泰坦尼克号'后,她就紧紧地把狗抱在怀里。赞尼还礼貌地告诫她,人才是第一位的,她拼命地紧紧抱住小狗,直到有人把那只狗抬到船的甲板上。"罗思柴尔德夫人的丈夫马丁·罗思柴尔德没有获救。赞尼后来发表了多次演讲,讲述他逃离"泰坦尼克号"的经历，还为此赢得了"泰坦尼克先生"的绰号。

有趣的是，玛格丽特·布朗，一个声称自己被一个没看清面孔的男人扔进了6号救生艇的头等舱女性，在1912年5月5日为《丹佛邮报》(*Denver Post*)撰文叙述自己的逃生经历时，并没有提到有一个男人跳进了6号救生艇，也没有提到该救生艇上有任何除船员以外的男性乘客。她写道："我们船上唯一的男人是舵手。他在船首掌舵，站得比我们高很多。"她也没有提到罗思柴尔德夫人的狗。

地图不等于领土

只有一种方法可以一劳永逸地证明4个人是否有可能把自己藏在折叠式救生艇的座位下，那就是按原比例建造一艘折叠式救生艇模型，让真人藏进去。这是几十年来第一次有个人或团体按原比例复制一艘折叠式救生艇，这也是唯一一次在现实环境中验证中国乘客所面临的指控。

为了实现这个想法，笔者与英国纪录片导演罗飞、北京京西学校设计工艺教师马克·特朗普尔德及其设计工作室的学生们合力，根据原始设计图，以1∶1的比例复制了一艘恩格尔哈特船舶公司设计的折叠式救生艇。由于这艘折叠式救生艇不需要适航，甚至不需要在水面漂浮，特朗普尔德和他的学生们选择用更轻、更便宜的胶合板来建造船体,但保留了所有的原始尺寸。和原来的折叠式救生艇一样,他们用帆布制作船的侧面,用木栓固定,使船的侧面可以固定竖立。学生们花了大约10个月的时间建造这艘折叠式救生艇,常在严冬的下午工作,牺牲了很多参与其他课外活动的机会。

在这艘折叠式救生艇组装完成并上漆之后,京西学校召集了40名曾经参与建造工作的学生进行此项演示活动,还特别找了6名跟"泰坦尼克号"上的中国幸存者身材相当的学生,他们身高都在168~173厘米。这次演示活动在一个阳光明媚的春日下午举行,相比真正的C号折叠式救生艇出海时寒冷黑暗的天气条件要好得多。

在2019年4月举行的这项演示活动中,4名学生先进入折叠式救生艇内,试图挤到座板或木制长凳座位下面。虽然以他们的体型确实可以做到这一点,但他们很容易被看见,其他进入折叠式救生艇的人都有可能碰到或踩到他们,坐在长凳上的乘客也会挤压到他们。座板下的空间既不足以让4个人全部都躺在下面,也无法让他们完全隐藏自己。即便假设上述一切都是有可能实现的,也都必须在折叠式救生艇组装好并准备下水时进行,这意味着折叠式救生艇附近的其他人无论如何都会发现他们进入折叠式救生艇。

在演示活动中,由笔者扮演伊斯梅,坐在船桨旁——这是伊斯梅声称自己所在的位置;特朗普尔德老师扮演乔治·罗,站在船尾。从这些有利的位置看,如果那几个中国人蹲在船首附近或者待在船底,而不是坐在座位上,"泰坦尼克号"的老板伊斯梅和舵手乔治·罗根本看不见他们,他们根本不用努力隐藏自己。即使在今天,在没有座位的情况下,有些中国人,尤其是中国男人也喜欢蹲着。如果折叠式救生艇上没有空余的长凳可以坐,他们也有可能蹲在救生艇上或者直接坐在底部,这看起来是完全合理的。

如果像在重建的折叠式救生艇上所做的演示那样,这4名中国人不可能完全藏身在船底,那么为什么伊斯梅和乔治·罗都在证词中说直到天亮才看到这些人?罗在证词中还补充了一点细节:"不是在座位下面,先生。他们是在座位和座位之间。"在另一份简短的声明中,小弗兰克·戈德史密斯的描述提供了确定中国乘客在C号折叠式救生艇上位置的关键信息,这名9岁的幸存者解开了围绕这些中国乘客存在了100多年的两个关键谜团。

小弗兰克的父亲,也叫弗兰克,护送他的妻子艾米丽和儿子到C号折叠式救生艇上,同行的还有他们的一位世交阿尔弗雷德·拉什。小弗兰克和母亲登上了C号折叠式救生艇,但是17岁的阿尔弗雷德宣称自己已经是个成年男人,不会跟孩子们一起进去。他和小弗兰克的父亲都被拒绝进入救生艇甲板。

"(C号折叠式)救生艇被放到水面上后就被切断了绳索,

对小弗兰克来说，这是一次大冒险。他尤其记得，当他朝船尾望去时，看见4个中国人蹲在那里。他认为，'他们身着黑色长外套和圆帽子，可能在混乱中被当成了女人'。"小弗兰克·戈德史密斯在1943年的一次采访中说："他们静静地坐着，双臂合拢插在飘来飘去的袖子里，脸上毫无表情。"伊斯梅、乔治·罗和其他人没看到的情况，一个小男孩观察到了，并且非常清晰地回忆起来。

回想4月14日的晚上，没有月光，所以要比有月光时更难发现冰山。救生艇，至少是那些主要的木制救生艇，本来可能是有提灯的，但都熄灭了。除了几支手电筒和抽烟的人随身携带的火柴外，几乎没有什么光源，再加上一片漆黑的夜色，像乔治·罗这样的舵手根本看不到自己救生艇的船首，更不用说看清某个人的脸了。

在看到过中国乘客的人中，没有一个提到这些中国人曾彼此交谈过。不像D号折叠式救生艇中的二等舱乘务长约翰·哈迪所说的那样："有一些三等舱的乘客，他们是叙利亚人，在船底部用他们那奇怪的语言聊了一整晚。"如果这几个中国乘客在C号折叠式救生艇上相互交谈，可能就不会没人注意到了。

小弗兰克·戈德史密斯说中国人在船尾，他有可能记错了那些人在船上的位置，因为他同时认为C号折叠式救生艇在左舷，其实C号折叠式救生艇是最后一艘从右舷下水的救生艇。

根据救生艇的装载顺序和下水时间表，可以知道 C 号折叠式救生艇是在凌晨 1 点 40 分到 2 点之间离开"泰坦尼克号"的。如前所述，我们认为该救生艇是在凌晨 2 点下水的，这一时间与"泰坦尼克号"沉没时间大致相吻合。负责 C 号折叠式救生艇的舵手乔治·罗在描述它下水过程中所遇到的难度时曾提到这一点。

伯顿参议员：你的船在哪一边？

罗：右舷，先生。我的船在下降过程中，防擦板不断地碰到船舷上的铆钉，我们已经尽了最大的努力来防止这种情况。

伯顿参议员："泰坦尼克号"肯定是在你离开后不久沉没的？

罗：我想是 20 分钟后吧。

"泰坦尼克号"在凌晨 2 点 20 分沉没，这个时间没有争议。

假扮女人

笔者不接受"泰坦尼克号"上的中国乘客曾经试图假扮女性的观点，无论是为了进入救生艇，还是出于任何其他原因。小弗兰克·戈德史密斯的描述"他们身着黑色长外套和圆帽子,可能在混乱中被当成了女人",告诉了我们他们的穿着。

根据证词的记录,在天亮后没有人看到所谓"假扮女人"的男人。当伊斯梅和乔治·罗最终看到这4个男人时,他们从来没有说座位中间出现了4个"假扮女人"的男人。对那些坚信中国人是伪装成女性登上救生艇的人来说,要使这项指控具有说服力,他们必须先回答一些问题:这些男人在船上被分配在只有单身男性的舱位,他们在"泰坦尼克号"上也没有其他熟人或朋友,那么他们从哪里弄到足够的女装,再换上去以骗过"泰坦尼克号"的船员?

这些中国乘客究竟会从哪里弄到女装?对此,那些声称看到他们换上女装的人始终无法解释清楚。他们也无法解释为什么8个人中只有5人找到了女装,并靠此进入救生艇,那2名遇难的中国乘客为何没有通过相同的方法逃生。方荣山从水里获救出来时,身上没有披肩,穿的也不是裙子。

这些中国人在进出英国的船上工作了很多年,他们有深色的外套也是合情合理的。他们有很多时间要在甲板上值班,或者在天气不太好的情况下在户外工作。在那个没有合成纤维的时代,一件羊毛大衣是抵御恶劣天气既有效又经济的保护措施。但奇怪的是,其他三等舱的男性乘客都没有穿羊毛大衣,如果有的话,可能也会受到类似的指责吧。

至少有3名男性乘客通过假扮女性得以登上救生艇,但

第八章
C号折叠式救生艇

他们都不是中国人。在美国听证会上做证时,丹尼尔·巴克利公开承认:"我当时在哭。船上有个女人,她把披肩披在我身上,让我待在那里。我觉得她应该是阿斯特太太。他们没看到我,就把船放下水,我们的船就划走了。"

爱尔兰人爱德华·瑞安在1912年5月6日的一封信中向父母坦陈了自己的欺骗行为:"我站在'泰坦尼克号'上,尽量保持冷静,船下沉得很快,当时已经下沉了大约12米。最后一艘救生艇就要离开的时候,我突然想到,如果我能上救生艇,我就会没事的。当时,我脖子上正围着一条毛巾。于是,我把毛巾盖到头上,然后悬在背后。我穿上了防水外套。然后,我非常僵硬地走过那些高级船员,他们宣称要射杀第一个敢上救生艇的男人。他们没有注意到我,他们以为我是个女人。我抓住一个绝望地站在旁边的女孩,和她一起从9米高的地方跳进了救生艇。"

五副哈罗德·洛在证词中说,他在14号救生艇上曾发现一名打扮成女性的"意大利人"。

> 洛:当时我询问有没有人愿意和我一起返回沉船现场附近去救人,就在这个时候,我发现了一个意大利人。他在船尾,头上披着一条披肩,我猜他还穿了裙子。不管怎样,我从他脸上扯下披肩,发现是个男人。他慌慌张张地想要上另一条船,我抓起他,把他扔了过去。

关于这两项针对中国乘客的不同指控（假扮女人和藏在船底），有趣之处在于，它们本身就是相互矛盾的。如果这些人能够躲藏起来，那么他们就不需要伪装自己了；如果他们能假扮女人进入救生艇，那么登上救生艇以后，他们就不需要躲藏起来。

这 8 名中国人在进出欧洲港口的外国轮船上至少工作了好几年，在他们的中国同胞都通过剪辫子以示对新成立的中华民国效忠之际，他们还会留着辫子吗？那些见过他们的西方人可能很容易把扎着长辫子的人误认为是女性，但他们也不能确定中国乘客是否还留着长辫子。然而，有证据表明，许多在海外工作的中国男性都希望拥有更短、更现代、更实用的发型。尤其是对这些暴露在明火和快速旋转的机械下的船员来说，留任何形式的长发都是职业大忌。

因此，这两项指控都是不成立的。没有确凿的证据支持其中任何一项指控，反而有充分的证据表明他们是作为正常的乘客，以正常方式进入救生艇的。

进入 C 号折叠式救生艇

虽然小弗兰克·戈德史密斯对那几名中国男人的如实描述证明他们在登上 C 号折叠式救生艇时没有什么不当行为，但他的母亲艾米丽对这些中国人没有任何正面的评价。

她说:"除了一些三等舱的外国乘客试图冲进救生艇外,没有什么其他骚动。其中有几个人强行上了更高层的甲板,从那里跳上了我们的救生艇,但高级船员们很坚定地把他们赶了回去。我们船上的一个人用左轮手枪指着他们,然后向空中开了3枪。这使那些外国人恢复了理智,比起留在救生艇上被开枪打死,他们显然更愿意留在'泰坦尼克号'上求生,于是他们爬回甲板。有4个中国男人不肯出去,他们悄悄地走到妇女中间,待在那里。船员们不敢向他们开火,因为害怕会伤到妇女,于是这4个人就待在救生艇里获救了。"

C号折叠式救生艇是"泰坦尼克号"的高级船员可能使用过手枪的地方,也许是用来警告那些在后续的描述中总被贴着"外国人"标签的男人不要进入救生艇,也许是为了打死其中正在爬上救生艇的男人,有一处或多处描述中提到这种情况。

毫无争议的是,在与冰山相撞后,枪支都被分发给了"泰坦尼克号"上的高级船员使用。二副查尔斯·莱托勒在证词中说,他有一支手枪。五副哈罗德·洛在美国听证会上表示,他收到了一支手枪,并在他负责的14号救生艇装载下水时鸣枪警示。

从艾米丽·戈德史密斯的陈述中我们可以看到,任何人都没有机会在C号折叠式救生艇装载下水前进入其中并躲藏起来。因此，这4名中国乘客只有可能是正当地进入C号折叠式救生艇的，也就是说，他们是像其他乘客一样进入救生艇的。根据艾米丽的说法，船上有人试图把其他男人赶走，但没有把这4个中国人赶走。

据一些乘客描述，正是在C号折叠式救生艇装载的过程中，有人向企图进入救生艇的"外国人"挥舞枪支（或开枪）。然而，伊斯梅和乔治·罗都没有提到在C号折叠式救生艇上有枪支。罗对于枪支和枪声应该很了解，他刚刚协助过四副约瑟夫·博克斯霍尔准备并发射了"泰坦尼克号"的紧急求救照明弹。罗本人并没有收到分配给船上高级船员的枪支。

与C号折叠式救生艇有关的4名白星航运公司人员（伊斯梅、罗、皮尔西和布莱特）在做证时均未指出C号折叠式救生艇在装载和下水过程中存在任何问题。有其他高级船员曾做证称，有男性乘客试图登上救生艇。比如，据莱托勒说，在D号折叠式救生艇装载过程中就出现了这一问题，洛也曾详细地讲述了14号救生艇上出现的问题。因此，针对白星航运公司的高级船员或普通员工就履行职责和阻止男性乘客登上救生艇一事出庭做证，并没有任何禁令。如果伊斯梅、罗、皮尔西和布莱特在C号折叠式救生艇内或周围目睹了任何骚动，他们没有理由对此保持沉默。不让男性乘客，特别是三等舱的男性乘客登上救生艇，只会证明他们作为高级船员和绅士执行了命令。

休·伍尔纳的证词

与这些人的陈述相反,休·伍尔纳在美国听证会上做证说,他和同为头等舱乘客的毛里茨·霍坎·比约恩斯特罗姆-斯特凡松一起主动协助高级船员和普通员工将男性乘客从 C 号折叠式救生艇上赶走,以便妇女和儿童能够登上救生艇。

伍尔纳在证词中说,他和斯特凡松帮助装载了左舷所有的救生艇,只有一艘除外。需要他们帮忙装载的原因还不清楚。

> 史密斯参议员:你的意思是说那些男人退后,让妇女和儿童到前面去?
>
> 伍尔纳:是的。
>
> 史密斯参议员:没有拥挤吗?
>
> 伍尔纳:没有。
>
> 史密斯参议员:没有推搡吗?
>
> 伍尔纳:没有。

如果没有拥挤和推搡,伍尔纳和斯特凡松去那里帮助做什么呢?除非他们是在等待被邀请上其中一艘救生艇。但如果这是他们的意图,他们应该去右舷的救生艇帮忙——至少那里的规则是"妇女和儿童优先",而不是"只允许妇女和儿童"上船。

不过，伍尔纳声称，C号折叠式救生艇的装载并不是那么井然有序。与左舷情况相反，右舷突然出现了明显的混乱。

伍尔纳说："我和斯特凡松上前帮忙赶出爬进救生艇的男人，因为有一群妇女——我想是意大利人等外国人，站在人群后面，无法靠近救生艇。"

"是的，先生。所以我们抓住他们的腿和任何我们能抓住的东西，帮助船员们把这些男人拉出来。"很明显，如果有4个中国人的腿可以抓住的话，他们为什么不把中国人扔出去。伍尔纳声称他和他的朋友从救生艇上各拖下来了"五六个"人。

"泰坦尼克号"的历史学家们很快也注意到，在两次听证会上都没有出面做证的斯特凡松尽管证实了伍尔纳的说法，但这毫无意义，就像两个银行劫匪互相证实对方的供述，称抢劫发生时他们在家看电影一样。正如欧内斯特·卡特证实了伊斯梅关于登上C号折叠式救生艇的说法，如果伍尔纳和斯特凡松的说法不相符，那才令人惊讶的。

C号折叠式救生艇上的"泰坦尼克号"船员本身就是负责阻止男性乘客进入的，为什么他们会认为两个大个子男人接近右舷最后一艘救生艇只是为了帮助他们阻止其他男性乘客进入，而没有其他意图？至少已有的记录显示没有任何一名男子向船员表示，他在那里是为协助船员赶走其他男性乘客。

第八章
C号折叠式救生艇

对伍尔纳和他的朋友来说最不利的是，出现在C号折叠式救生艇上或周边的所有"泰坦尼克号"工作人员，包括伊斯梅在内，没有一个人提到有两个魁梧的男人帮助他们阻止试图进入救生艇的疯狂男性乘客。他们在报告里也说没有骚乱，那为什么需要其他人协助呢？

最后，在伍尔纳夸大的证词中，他从未表明他不想逃生。他从未声称要留在"泰坦尼克号"上，不管有没有斯特凡松。即使当他和斯特凡松决定尝试进入D号折叠式救生艇时，他也在为自己留后路："我对斯特凡松说：'船首没有人，我们跳进去吧。你先跳。'"伍尔纳的潜台词似乎是：斯特凡松，你先跳，确保船不会翻我再跳。

作家理查德·达文波特-海因斯在《泰坦尼克号的旅行者》一书中这样评价伍尔纳："他伪装自己的行为，是为了不让人们认为他的生还是没有男子气概的表现。他是一个上过英国公学的剑桥人，破产后试图恢复自己的信用和声誉，他需要表明，他不仅拯救了自己，他还是一个像约翰·阿斯特或阿奇博尔德·巴特一样优秀的绅士。"

达文波特-海因斯随后又写道："通过这个传奇故事，在那些试图抢在女人前面拯救自己的惊慌失措的外国男人面前，伍尔纳确立了自己的优越性。虽然他幸存下来，但与那些被赶下救生艇的外国人不同，他超越了那些人的水平，因为他表现出了益格鲁-撒克逊式的自制力。"

戴维·格莱克通过分析伍尔纳和斯特凡松的行为认可了这些观点,他得出了一个同样不利于这俩人的结论:"卸掉他们华丽的伪装,会发现其实两人正在船的前端寻找方法进入最后几艘救生艇中的一艘。他们放弃了2号救生艇和C号折叠式救生艇,下到A层甲板上,正好碰上二副莱托勒的4号救生艇正在装载下水。"格莱克后来补充说:"对伍尔纳来说,倘若坦诚地说出自己的动机,那他就与那些在他的描述中被他拖出C号折叠式救生艇的三等舱乘客无异了。"最后,格莱克写到了伍尔纳:"伍尔纳因此把认罪变成了一个冒险故事,他和斯特凡松成了通常意义上的英雄。"

矛和盾的故事

这些不同的说法之间似乎都是相互矛盾的。如果伍尔纳和斯特凡松英勇地跳上船去协助高级船员,若他们每个人都把"五六个"人扔了出去,那为什么高级船员还要用枪把那些人吓跑呢?为什么伍尔纳、斯特凡松和"泰坦尼克号"的船员都没有完成这项任务——救生艇上还有4个中国人呢?

还有一个问题需要有合理的解释:为什么在"泰坦尼克号"上的那些外国人中,只有这4个在C号折叠式救生艇上的中国人宁愿被枪打死都不愿意离开救生艇呢?如果真的有男性乘客在枪口下被命令离开救生艇,为什么只有中国人愿意冒险被枪杀死，而没有其他人和他们一样呢？如果他们足够瘦小，仅仅用披肩遮住自己就能装成女人骗过其他人，或者能躲在救生艇座位下面几个小时而不被注意，那么他们瘦小的身体怎么可能不被甲板上的船员或者救生艇上的船员从救生艇上拖出去呢？

在短短几分钟的时间里，中国乘客从被枪口指着威胁下船，到藏身在救生艇上，又在几小时后的黎明时分被伊斯梅和乔治·罗突然"发现"，这是不合逻辑的。

伊斯梅、卡特和C号折叠式救生艇上的中国人的幸存似乎表明，是否能进入那艘救生艇取决于在救生艇装载下水时你是否已经在救生艇甲板上。戈德史密斯一家在"泰坦尼克号"沉没前不到1个小时到达救生艇甲板上，除了折叠式救生艇外，其他所有救生艇都已下水，这使他们处于非常不利的情况。这几个中国人到达救生艇甲板上的时间不迟于1点45分，也可能更早，这使他们有足够的时间看看还有哪些救生艇可以登上。

中东乘客

"泰坦尼克号"的乘客名单上还有几十名乘客来自中东的黎巴嫩和叙利亚，他们都是三等舱乘客。在其他的证词和陈述中，有乘客声称看到过一名"泰坦尼克号"高级船员向空中开枪,也有个别乘客称是朝乘客开枪。但据许多中东乘客的说法,自"泰坦尼克号"开始下沉,船员们不断开枪打死了许多试图登上救生艇的叙利亚男性乘客。

学者莱拉·萨卢姆·埃利亚斯对这个问题进行了深入的研究,他在书中写道:"有一名叙利亚幸存者,统舱乘客穆巴拉克·汉纳·苏莱曼·阿比什,声称自己在试图登上救生艇时,被'泰坦尼克号'的两名高级船员打了6枪。还有一名叙利亚人看到一名乘客被其中一名船员枪杀。法蒂玛·穆斯林声称,她的两个堂兄弟没有溺水,而是被船员杀死的,一个是在试图登上救生艇时被枪杀,另一个是在救生艇内被枪杀。叙利亚幸存者赛义德·纳基德也说看到一名男子在试图登上救生艇时被枪杀。当几名统舱乘客试图冲向负责救生艇的高级船员时,他们起初被'拳头'击退。但随着乘客们越来越害怕,船员们就拿出左轮手枪,先是向空中鸣枪,后来直接向这些人射击,射中了一名乘客的手臂。就在'泰坦尼克号'的船尾没入水中之前,坐在第十艘救生艇上的乘客看到有几十个人在水里挣扎。"

这些叙述中说到的枪声四起和死尸遍地的情况,在其他大多数乘客或船员的叙述和回忆中根本没有得到证实。在许多书籍、采访和"泰坦尼克号"幸存者所写的信件中,这些故事被一些人不断重复提及,而这些人当时根本不在事发现场。其实,除了官方证词中指出的枪声以外,大多数人都没有提到过其他枪声。如果"泰坦尼克号"的船员真的枪杀男性乘客，那么他们的射击准确率相当高，几乎枪枪致命，因为只有穆巴拉克·汉纳·苏莱曼·阿比什一个人在他的陈述里说过自己受了枪伤。据称，这起枪击事件中所有受害者都是"意大利人"——这是针对南欧和中东乘客的统称，在这些可能的受害者中没有提及任何亚洲人。

虽然在 C 号和 D 号折叠式救生艇中都被证实有中东地区的乘客，但尚不清楚其中是否有成年男性乘客。直到最后，没有"泰坦尼克号"的高级船员因伤害或导致乘客、船员死亡而被直接指控或正式起诉，也没有人提出"不当死亡索赔"——这是 1912 年英国法律所允许（但美国法律并未允许）的一项法律诉讼。在"泰坦尼克号"失事地点附近的水域找到的 332 具尸体中，没有一具负有枪伤。当后来写下在船上的有关经历时，"泰坦尼克号"的高级船员中没有一个人承认有过开枪杀人行为，也没有一个人在临终忏悔时透露出相关信息。正如我们所看到的关于中国乘客的描述，出于愤怒、激动的情绪和无知，"泰坦尼克号"上的乘客和船员会认为他们的确经历了一些事，然而这些事根本没有任何事实依据。但这并没有阻止他们中的许多人向报纸、家人或其他"泰坦尼克号"幸存者以及官方机构重复这些他们信以为真的经历。只有仔细评估每一项陈述，以及陈述者在事件发生时的所在位置和动机，我们才能尽可能接近真相。

结论

即使在 C 号折叠式救生艇装载过程中发生了骚动，该救生艇下水时也没有人试图跳进去。这次装载下水的过程是比较困难的，因为"泰坦尼克号"的船体正在向左舷倾斜。而且，即便发生了骚动，C 号折叠式救生艇离开时并没有装载满员，还有足够的空间让伊斯梅和卡特在最后时刻上去。

在"泰坦尼克号"最终沉没前 20 分钟离开的最后一艘救生艇并没有超载，也没有发生什么冲突行为，这看起来似乎很奇怪。但在凌晨 2 点的时候，随着船体下沉，"泰坦尼克号"的船尾已经变成了相对高点，看起来相对安全，许多还留在"泰坦尼克号"上的乘客已经开始向上移动而不是向海水方向移动。而且，在船即将沉没的时候，船上所有的固定式救生艇都已下水，大多数乘客可能不知道还有 4 艘折叠式救生艇。船在向左舷倾斜，上层甲板的部分结构有可能挡住了人们的视线，使人们看不到 C 号折叠式救生艇正在装载下水的情景。

最终，C 号折叠式救生艇离开"泰坦尼克号"时估计载有 43 名乘客和船员，比它的最大容量要少 4 人。在针对"谁应该上船，谁不应该上船"引发了所谓的争抢、枪击和小规模冲突后，这最后一艘正式离开右舷的救生艇上还有空位。并且，5 分钟后，D 号折叠式救生艇离开时空位更多。

中国乘客在拯救自己生命的过程中表现出了聪明才智和

顽强的意志，结果却受到来自同船乘客的各种各样的批评和指控——躲在救生艇上，假扮女人，被"泰坦尼克号"的高级船员用枪指着也不下船，等等。但证据表明，他们乘坐的C号折叠式救生艇是在非常平静的情况下出发的。

"泰坦尼克号"上的任何一名乘客、船员，无论是男是女，无论是成人还是儿童，无论是美国人、英国人、中国人、瑞典人还是叙利亚人，都想活下来，这无可厚非。如果当时救生艇上有足够的位置，即便是史密斯船长也不会选择随"泰坦尼克号"一起沉没。生存的意志是人类最基本的欲望和动力。一些男男女女坚持着爱德华时代的理想信念，失去了他们的生命；他们的勇气和决心将永远被铭记。数以百计的男性本有机会活下来，结果却丧生。那些幸存者不应该仅仅因为选择了生存而声名狼藉。对于那些在这次事故中丧生的普通船员或三等舱乘客，我们会因为他们的丧生而更加记得他们吗？他们因为丧生而获得了更高的地位吗？答案是否定的。在"泰坦尼克号"的历史上，大多数三等舱乘客不过是名单上的名字。名字出现在幸存者名单上总是好过出现在遇难者名单上。

当晚，有近 1 500 人死亡，但这并不是 6 名中国男子幸存所导致的。救生艇太少，缺乏应急计划，救生艇管理不善，以及"泰坦尼克号"救生艇返回沉船区域搭救更多乘客的能力和意愿有限，光是这些原因就导致了至少 400 人丧生，这些人本可以生还。但即使每艘救生艇都满载乘客并成功下水，仍然会有 1 000 多人失去生命。

这些充满恶意的谣言困扰着"泰坦尼克号"上的中国乘客长达一个多世纪。这些谣言持续存在，却始终没有得到认真的分析和理性的评价。这些谣言主要是针对在 C 号折叠式救生艇上的那 4 名中国男子，当然还有伊丽莎白·梅林格那荒谬的"美利坚婴儿"故事中出现在其他救生艇上的那个中国乘客幻影。

这几名中国人承受了来自其他乘客和当时的媒体对他们不该有的仇视，只是因为他们生还而有那么多人丧生。在报纸上发出第一轮报道之后，这 6 名中国幸存者很快就从"泰坦尼克号"的故事中消失了。他们抵达纽约后，在"卡帕西亚号"上度过了一夜，并没有人试图采访他们。讽刺的是，除了伊斯梅之外，日本人细野正文是唯一一个因为从"泰坦尼克号"上幸存而羞愧余生的乘客。他被所在公司——日本铁路公司解雇（后来又被重新雇用），并深受"零和"观念困扰，认为自己的生还直接导致了一名儿童或妇女的死亡。中国乘客则被指控、被指责，然后被遗忘。

在这片猜疑和嘲笑的阴云下，中国幸存者来到了纽约，来到了一个对他们没有任何善意，只有排斥的国家。

第八章
C 号折叠式救生艇

第九章

被排除在外

"泰坦尼克号"沉没后，到了夜里，A号和B号折叠式救生艇上的幸存者也被救到其他木制救生艇上，大部分是由五副哈罗德·洛指挥的14号救生艇所救。"卡帕西亚号"在凌晨4点左右到达事故现场，它遇到的第一艘救生艇是2号救生艇，就此证实了"泰坦尼克号"的沉没。在接下来的4个多小时里，各处的救生艇陆续集中停靠在"卡帕西亚号"四周。救生艇上大多数乘客和船员通过绳梯爬上救援船，有些人还需要由"卡帕西亚号"的船员们用绳子拖拽上来。后来所有的陈述和证词都表明，登上救援船的过程是秩序井然的。当"泰坦尼克号"的幸存者们站到"卡帕西亚号"的甲板上时，清晨的第一缕阳光洒在了远处的冰山和冰原冰上，映现出大片的粉红色。

"卡帕西亚号"于4月18日晚抵达纽约，比"泰坦尼克号"的计划到达时间晚了1天。恶劣的天气阻碍了"卡帕西亚号"的航程，而且它的最高时速只有"泰坦尼克号"最高时速的一半多。

"卡帕西亚号"的延迟抵达十分讽刺。虽然伊斯梅和"泰坦尼克号"的高级船员在调查证词中否认他们的船在穿过冰山时行驶速度过快，但英国沉船事故调查小组发现，船体之所以会与冰山相撞，部分原因就是船"超速"。"卡帕西亚号"因受到纽约附近地区的恶劣天气影响而延迟抵达，这样的恶劣天气本来也会影响"泰坦尼克号"，而伊斯梅却曾期待"泰坦尼克号"能提前到达。4月14日那晚，如果船速减慢一些，"泰坦尼克号"也许会在预期的时间到达，而不是永远也无法到达。

在"卡帕西亚号"上

"卡帕西亚号"上原本已经有740名乘客，这些新上来的700多名"泰坦尼克号"幸存者需要自己在船上找到可以休息的地方。布鲁斯·伊斯梅一登上"卡帕西亚号"就马上找到船上的医生伦杰尔·阿帕德，说道："我是伊斯梅！我是伊斯梅！"之后他便躲去医生的舱位，一直在那里待到船到达纽约。

幸存者中有一些头等舱和二等舱的乘客还有幸在"卡帕西亚号"上找到了认识的朋友。亨利·斯利珀·哈珀认出了正在看着幸存者们登上"卡帕西亚号"的路易斯·奥格登。华莱士·布拉德福德看到华盛顿·道奇一家上了船,并把他们安置在自己的船舱里。

"卡帕西亚号"上的船员和乘客都尽一切努力让"泰坦尼克号"的幸存者们感到舒适些。但对大多数刚刚逃离"泰坦尼克号"的人来说,在乘"卡帕西亚号"前往纽约的这3天航程中没有任何舒适的感觉可言。最后一艘抵达"卡帕西亚号"的救生艇是12号救生艇,"泰坦尼克号"的二副查尔斯·莱托勒也在这艘救生艇上。这艘救生艇原本是许多人最后的希望,他们都希望自己的亲人上了这艘救生艇而得救。当所有的救生艇都被清点完毕,不会再有更多的幸存者时,这种希望也随之破灭了。在"卡帕西亚号"上,幸存者们疲乏、寒冷,有的还受了伤。一些三等舱乘客,包括那几名中国乘客,就此失去了一切:配偶、财产、毕生积蓄。在船抵达纽约之前,他们除了思考失去的一切以及未知的未来,其他什么也做不了。

如果说这几名中国乘客登上救生艇之前在"泰坦尼克号"上没有被人注意过,那么在"卡帕西亚号"上他们获得了一点关注。1912年5月,三等舱乘客爱德华·多金斯对伊利诺伊州的一位听众讲述他在"泰坦尼克号"上的经历时说:"在'卡帕西亚号'上,我看见了那6个假扮女人坐上救生艇逃跑的中国男子。"

《每日电讯报》曾经充满恶意地描述中国乘客在"泰坦尼

第九章
被排除在外

克号"上和救生艇上的行为："直到他们被带上'卡帕西亚号',才知道他们是中国人。据说,'卡帕西亚号'的一些船员想把他们扔进海里,但被冠达邮轮公司的高级船员阻止了,而后他们都被戴上了手铐。"没有任何证据能证明这样的说法,也没有确凿的证据表明"卡帕西亚号"的船员对这些中国乘客说了什么,更没有任何证据表明他们在抵达纽约之前曾以任何形式被关押在船上。

《布鲁克林鹰报》刊登的内容才是所有新闻报道中最令人厌恶的。该报发表的一篇题为《盎格鲁-撒克逊船员的英雄主义在灾难中脱颖而出》的文章中写道："盎格鲁-撒克逊船员今天引以为豪的一件事,就是在这场最严重的海难中表现出来的至高无上的英雄气概,他们临危不惧、舍生取义。美中不足的是,在离开'泰坦尼克号'的一艘救生艇底部,发现了卡在座位下面的两具中国苦力的尸体和8个活着的中国人。这些中国人是要去纽约后转乘一艘开回东方的帆船,他们一发现有危险迹象,就跳上了救生艇,在救生艇还没有离开吊艇架的时候,就躲在座位下面。他们被后来登上救生艇的妇女踩踏,其中两人被压死。直到这艘救生艇抵达'卡帕西亚号',这些尸体和活人才被发现。"

同样,这些描述根本没有事实依据。"泰坦尼克号"上并没有10名中国乘客;最多有4个中国人在同一艘救生艇上获救;在伊斯梅和乔治·罗所在的C号折叠式救生艇底部并没有发现任何尸体。伊斯梅和乔治·罗在证词中明确指出，这4名中国人是在抵达"卡帕西亚号"之前在救生艇上被发现的。《布鲁克林鹰报》的报道没有说明任何消息来源，也没有引用任何幸存者的陈述。

中国幸存者所遭受的敌意不止于此。伊丽莎白·多德尔是一名家庭教师，负责照顾一名6岁的孩子，她和孩子一起在13号或15号救生艇上获救。她后来曾接受新泽西州《哈得孙河纪事报》(Hudson Chronicle)的采访。那是一次冗长的、满是抱怨的采访，其间，多德尔并没有对自己获救表现出感激之情，甚至还借机抱怨了"卡帕西亚号"上的食物和其他的幸存者。

> 在"卡帕西亚号"上，我们被高级船员们监视着，那些看起来明显一无所有的人都被命令下到统舱里。我和我照看的孩子也被安排和他们一起下去。他们给我们吃硬面包。很多人都拒绝吃这样的食物，"卡帕西亚号"的高级船员看见这种情况，就让我们进了二等舱的船舱。在此之前，我们已经在统舱里待了整整一天，还得和那些中国移民（原文如此）共处一室。

多德尔对"泰坦尼克号"的沉没和她在救生艇上的逃生经历的说法是如此不着边际，与事实相差甚远，以至让人觉得她可能是疯了。她声称从救生艇上可以清楚地看到冰山，而事实上，救生艇放下来时冰山已经在几英里[①]外了；她还提到她所在的救生艇上有12名船员，这个数量至少是被安排到"泰坦尼克号"救生艇上的船员数量的两倍；她还说她清楚地看到"泰坦尼克号"沉没的时间是凌晨1点30分，而实际上这个时间离船真正沉没还有将近1个小时。

1912年5月，"卡帕西亚号"上的医生伦杰尔·阿帕德在一封长信中写道："两个中国人躲在救生艇座位下从而获救的故事是真的，其中一人还携带了一个小包裹。"奇怪的是，阿帕德在这封信中并未提到伊斯梅在乘"卡帕西亚号"回纽约的旅途中一直由他照顾。

实际上，就像在"泰坦尼克号"上一样，这些中国幸存者在"卡帕西亚号"上很可能也是独来独往的。他们一夜之间一贫如洗，仅有的几套衣服和个人物品都随船沉没了。方荣山在美国生活和创业的梦想也随着"泰坦尼克号"一起破灭了，至少是暂时破灭了，他的两个伙伴李玲和林伦都死了。他们的境况也许只比同船的一些三等舱女性略好一点儿，因为抵达纽约后还有一份工作等着他们："安妮塔号"正等着和他们一起继续航行。

"泰坦尼克号"历史上存在的一个重要问题是，在幸存者

---

① 1英里≈1.609千米。——编者注

最初抵达"卡帕西亚号"时，船员们没有及时登记下幸存者的名字以及他们乘坐的救生艇编号。直到"泰坦尼克号"上所有的幸存者都上了船，接受了一些救治，拿到了热饮、食物和毯子后，"卡帕西亚号"的船员才开始记录他们的名字，并创建了幸存者名单。这一点很重要，因为根据后来的回忆和幸存者的证词，不同救生艇上的乘客名单是在事发之后很久才记录下来的，很可能是在"卡帕西亚号"抵达纽约之后。"卡帕西亚号"随后通过电报向白星航运公司纽约办公室发送了一份官方的幸存者名单。

抵达纽约

当"卡帕西亚号"驶入纽约港时，一艘满载记者和摄影师的船出航迎接，他们都希望从"泰坦尼克号"幸存者那里获得首批照片和采访内容。那是傍晚时分，这样第一手信息就可以刊登在第二天一早的报纸上。在航行途中，"卡帕西亚号"的船长亚瑟·罗斯特伦不允许记者采访。然而，"卡帕西亚号"的乘客中有一名圣路易斯的记者——卡洛斯·赫德，他和妻子凯瑟琳同行。卡洛斯在途中已经采访了许多幸存者，并整理成了第一篇文章，其中包含"泰坦尼克号"幸存者对沉船情况的真实描述。

正常情况下，任何抵达纽约的入境客轮都会在纽约港的埃利斯岛移民站停留，以便外国乘客能够走入境程序，特别是三等舱乘客还需要接受检疫，中国乘客还要依据《排华法案》受到临时拘留和讯问。由于白星航运公司在"泰坦尼克号"离开英国之前已经对其三等舱乘客进行了防疫检查，而且"卡帕西亚号"是在特殊情况下抵达纽约的，它便没有在埃利斯岛停留。

"卡帕西亚号"由冠达邮轮公司所有，通常会在纽约港西侧的54号码头停靠，并在那里装载和卸载。但在4月18日，"卡帕西亚号"首先驶向了59号码头。这是"泰坦尼克号"故事中最残忍的画面之一："卡帕西亚号"的船员在乘客、幸存者以及纽约新闻媒体的注视下，卸下了13艘已被搜救回来的木制救生艇。这些救生艇不仅被打捞搜救回来，而且在乘客上岸之前就被归还——而一些乘客还急需被抬下船接受医疗救治。回想起来，这应该是一个异常冷酷、可怕的过程——高尚的亚瑟·罗斯特伦船长本可以避免这种情况发生的。

这项诡异的任务完成后，"卡帕西亚号"驶向自己位于54号码头的泊位。成百上千的人聚集在那里，见证这一刻的到来，很多人翘首期盼着他们的家人会出现在下船的步桥上。

罗斯特伦船长非常明智，安排"卡帕西亚号"的原有乘客先下船，这一过程井然有序，没有引起任何骚动。当"泰坦尼克号"的第一批幸存者出现时，人群开始发出此起彼伏的哭声。富裕的家庭纷纷派车和代表去接他们的亲人。像

"救世军"这样的慈善协会带着医生和其他援助人员来到现场，为那些抵达纽约后无依无靠的三等舱乘客提供援助及住宿的地方。记者们蜂拥而至，把那些被认出是幸存者的，以及那些愿意和他们交谈的人围在角落里，以便获得更多关于"泰坦尼克号"沉没的情况。

等待布鲁斯·伊斯梅的是美国参议员威廉·史密斯派去的人，他们手里拿着对伊斯梅、"泰坦尼克号"幸存的高级船员，以及一些普通船员和乘客进行调查的传票。史密斯当天早些时候从华盛顿抵达纽约，已准备对"泰坦尼克号"沉没事件展开调查。伊斯梅几乎没有时间整理思路，更不要说与白星航运公司代表或"泰坦尼克号"幸存的高级船员讨论任何问题了。

4月19日上午，伊斯梅在华尔道夫阿斯托里亚酒店出庭做证。这个地点的选择有一点儿讽刺，因为酒店的主人之一就是约翰·雅各布·阿斯特四世，不到一周前，他在伊斯梅的"泰坦尼克号"上随船沉没了。

最后离开

当伊斯梅开始在调查中做证时，曾经与他同在一艘救生艇上的4名中国乘客和另外2名中国幸存者正穿过曼哈顿。由于不被准许离开船，他们在"卡帕西亚号"上又待了一个晚上。第二天早上，他们受到了与其他"泰坦尼克号"幸存者截然不同的"欢迎方式"。没有家人朋友去接他们，没有任何慈善协会为他们提供安慰，没有任何记者想采访他们。取而代之的，是美国财政部中国事务专员，他们被指派去处理与1882年《排华法案》有关的事务。这些工作人员出现在那里是为了确保这几个中国人直接前往他们被指定的船——"安妮塔号"，这艘船正沿着东河在曼哈顿岛对面等着他们。几年前在加勒比海发现"泰坦尼克号"遇难者之———约翰·雅各布·阿斯特四世的失踪游艇的正是这艘船。

与此同时，纽约市等地的报纸上出现了针对这些中国人的毫无根据且极具恶意的指控，而这些被指控的中国人此时正在美国移民官员的监管之下，但也并没有被采取任何行动。他们在美国公众舆论的中伤下，由美国政府官员带着穿过曼哈顿，被送往大西洋沿岸的"安妮塔号"的停靠点。

《排华法案》生效30年后，中国劳工仍然被严格禁止进入美国。虽然"泰坦尼克号"上的大部分乘客和船员似乎根本不知道中国人的存在，但美国财政部中国事务官员显然知道他们在船上，"卡帕西亚号"抵达时就已经有官员在现场等待他们。

《纽约时报》报道称："中国人被移民当局抓了起来，由主管中国事务的一名督查人员负责。据说他们正在过境中转的途中，只要在美国境内，他们会一直在移民官员的监管之下。"

六人
泰坦尼克号上的中国幸存者

《纽约时报》报道的内容大部分都是对的，但错误地认为这些人会被遣送回中国。作为"泰坦尼克号"事件中最不起眼的注脚，方荣山可能是最后一个获救生还的人。现在，这6名中国人成了最后离开"卡帕西亚号"的"泰坦尼克号"幸存者。

也许有人不禁要问，当这些中国乘客，尤其是方荣山看到眼前纽约的建筑和人时，内心感受如何。方荣山原计划和李玲、林伦一起离开，去另一个城市开始他的新事业和新生活。可现在，他被美国移民官员监视着，没有自由，什么都做不了。

对这几个中国人来说，这次在纽约的中转停留是一次残酷的经历。如果"泰坦尼克号"按计划到达，他们会有一整天的时间在唐人街吃一两顿中餐，也许还能在再次出海前买一些必需品。但现在，他们一无所有，连基本的衣物都没有，没有私人物品，且囊中羞涩，也没有时间哀悼他们逝去的同伴李玲和林伦。还好"安妮塔号"是他们可以去的一个地方，那里有一日三餐，有地方睡觉，还有机会挣钱应急。在那些为"泰坦尼克号"幸存者，特别是三等舱乘客筹集的款项中，没有记录显示曾被分配给这些中国人。

没有保障的保险

这些中国人在"泰坦尼克号"的历史上只留下了些微痕

第九章
被排除在外

迹。1913年，6人中有5人向白星航运公司提交了财产损失索赔。当然，中国人的索赔额与"泰坦尼克号"一些头等舱乘客的索赔额相比，完全微不足道。比如，C号折叠式救生艇上的幸存者、头等舱乘客威廉·卡特要求赔偿他曾经存放在"泰坦尼克号"货舱的雷诺汽车。不同之处在于，这些中国乘客失去的是他们的全部身家。

百老汇大街165号的亨特、希尔和贝茨律师事务所代理了他们的索赔事务。在此期间，他们中一些人的名字的罗马拼音又一次被改写——Fang Lang（方朗，即方荣山）变成了Yong Lang（永朗），Lee Bing（李炳）变成了Lee Ping（李平）。改写名字的原因还不确定。他们几个人索赔的物品种类相似：床单、内衣、怀表或钟表。不过，方荣山的索赔信息最有意思，他的个人物品中包括6件衬衫领子和6条领结。当时，单独购买一件衬衫是很昂贵的，但经常换一个更显眼、更干净的衣领可以让穿着考究的男人不用花很多钱就能让自己看起来更体面。但是，一个在船上机舱里工作的男人带着这么多衬衫领子和领带干什么呢？很明显，这些都是方荣山计划不再做船员后，与李玲和林伦一起从商所需的物品。

最后，在1915年底，美国法院批准了66.4万美元的赔偿金，分配给所有索赔者。与幸存者和遇难者家属提出的1 600万美元索赔金额相比，连个零头都不到。没有任何记录显示这些中国人是否获得过赔偿。

4月21日,白星航运公司租用的"麦凯·班纳特号"轮船抵达"泰坦尼克号"的沉没地点。它的任务是尽可能找到那1 500具遇难者的遗体。许多遇难者的遗体被找到时仍然穿着白色的救生衣。"麦凯·班纳特号"的船员很快意识到一艘船根本不够负荷这些遗体,最终一共有4艘船参与了搜寻和打捞工作,一共带回来332具遗体。

就如生前一样,这些人在死后也受到不同等级的待遇。头等舱乘客的遗体(如果没有身份证明,则由他们的衣着来决定)被用冰加以储藏,直至返回加拿大新斯科舍省的哈利法克斯。二等舱乘客的遗体受到同等待遇。而对于三等舱的遇难者,如果遗体状况良好(没有损坏或迅速腐烂)则予以保留,否则拍照后便被葬于大海。

约翰·雅各布·阿斯特四世的遗体被确认后送回纽约,安葬在曼哈顿的三一教堂公墓,他和玛德琳的儿子在4个月后出生。在众多的遇难者中还有一个金发的孩子,一个世纪以来,他一直被称为"无名儿童"。直到DNA技术被发明后,这个谜团终于被解开,这个男孩被确认是西德尼·古德温。遇难者中无人认领和身份不明的尸体,基于他们明显的宗教特征——所属的是天主教、基督教还是犹太教,被安葬在哈利法克斯附近的三个不同墓地。

4月20日,是"卡帕西亚号"上的马可尼无线电操作员哈罗德·托马斯·科塔姆接受美国调查取证的第二天。与此同

第九章
被排除在外

时,"安妮塔号"已经驶出纽约港,向南航行。这不是一艘像"泰坦尼克号"或者"卡帕西亚号"那样的大型客轮,而是一艘只有1根烟囱的单螺旋桨货船。不管是否出于自愿,这6名中国人又回到了船上,按照他们原计划的行程驶向大海。在与"泰坦尼克号"的故事联系最紧密的那一刻,这些人又启航了,似乎从人们的记忆中彻底消失,他们在历史上留下的痕迹就像他们的船离开时船尾荡起的波浪一样,很快就消散无影。

六人
泰坦尼克号上的中国幸存者

第十章

随风散落

当"安妮塔号"驶离纽约港时,这几个中国人的内心一定是五味杂陈的。他们没有时间去悼念他们的伙伴李玲和林伦,也没有时间吃一顿便饭,更没有时间去买因船难而遗失的必需品,更别说写封信告诉家人他们的遭遇了。他们在中国的家人根本就不知道他们在"泰坦尼克号"上,因为即使他们从英国出发前便寄信给家里,等信寄到时也已经是"泰坦尼克号"沉没数周后了。

作为这6个中国人的雇主,唐纳德轮船公司把他们派往美国的船上工作,但并不打算承担这6个人死里逃生后逃跑的风险。"美国的移民政策使中国船员受制于雇主,1902年后,雇主必须为中国船员支付保证金,以保证中国船员不会非法入境。另外,雇主或船长可以直接拒绝中国船员上岸休假。即便是合同到期的中国船员抵达美国港口时,仍然不能自由上岸，除非他们能够出资为自己在美国工作担保。"①

"安妮塔号"比"泰坦尼克号"要小得多，从船首走到船尾大概比在"泰坦尼克号"上走到餐厅还要快。他们在"安妮塔号"上的住宿环境和他们之前通常住的地方一样简陋、狭小、黑暗，跟他们在"泰坦尼克号"沉船之前享受的相对奢侈的环境相去甚远。现在，他们又回到了嘈杂的机舱里，又回到了像以前一样的船员生活，好像"泰坦尼克号"沉船事件从未发生过一样。

"虽然中国船员可以在船上从事各种工作，但他们大多担任的都是服务员、厨师和司炉工——这些都是白人船员不愿意做的工作，因为白人船员可以选择工资更高的高级职位。货运和客运轮船公司都很喜欢雇用中国船员，因为他们愿意做低工资的苦工。航运公司将这种意愿归因于种族，而不是经济需要和歧视。"中国船员上岸需要携带着证明他们是船员的证件，而且他们在岸上的活动范围也有所限制。

100多年后，对商船的船员来说，这种情况基本没有什么变化，如果不作为船员，他们很难获得商船行经多国的签证。现在和以前相比，主要有两点不同之处：一是在"9·11"恐怖袭击事件之后，国际上大多数主要港口区都被封闭起来，

---

① https://t2m.org/restricted-cargo-chinese-sailors-shore-leave-and-the-evolution-of-u-s-immigration-policies-1882-1942/.（Retrieved March 23, 2021）

并设置了安全措施，港区内有餐饮和商店等服务，这样船员就不必离开港口；二是，中国船员曾经是国际航运公司所雇用船员的主要来源，但现在中国船员几乎只受雇于中国的航运公司，而全球船员中菲律宾人的数量占到 20%~25%。

停靠的港口

即使这些中国人有违背约定、不前往"安妮塔号"的打算，他们在纽约的时候也没有机会这么做，因为他们始终都处在美国移民官员的监视之下。或许，他们在沿途考虑过去其他地方。

在美国一些沿海城市停留后，"安妮塔号"将抵达古巴。1912 年，古巴的哈瓦那是拉丁美洲华人最多的地方，约有 20 万中国人生活在这里，几乎全部是男性。自 19 世纪中期以来，中国劳工被招募到这个岛国上的甘蔗种植园工作，部分原因是替代非洲奴隶，因为当时西班牙和英国在加勒比地区的殖民地已经废止了非洲奴隶贸易。19 世纪 80 年代，古巴又迎来了一波移民潮，因为当时美国通过并实施的《排华法案》，挡住了许多中国移民前往美国的去路。

古巴的中国移民中，来自台山的较少，大多数是客家人或来自广州周边地区的人。大多数中国移民是以契约劳工的身份来到古巴的，这些人要么同意从事 8 年有报酬的劳动，要么同意用8年几乎没有报酬的劳动来换取契约承诺的一块土地。几乎所有的中国劳工都来自中国南方，古巴的气候和条件时常让他们想起家乡。

然而，雇佣条款并不总是公平、透明、自愿的。

"1859年，15岁的董功成，土生土长的广东省东莞县人，被绑架并带到西班牙在加勒比地区的殖民地古巴，成为臭名昭著的苦力贸易下的牺牲品之一。他被迫签了一份劳工契约，要在一个甘蔗种植园工作8年。他在那里受洗，并被赐予一个西班牙名字。契约期满后，他又被迫重新签约了8年。"如果这几个"泰坦尼克号"上的中国幸存者想上岸寻找生路，古巴的确是一个选择，但这将是一条艰辛之路。

一位学者评论说："在古巴的华人并没有像在美国的华人一样经历那般制度化的歧视——美国在1882—1943年一直奉行排华政策；他们也没有像在墨西哥的华人那样遭遇排华运动——当地的中国人在1931年被暴力驱逐出北部索诺拉州；他们也没有像在秘鲁和牙买加的华人那样持续遭受排华骚乱。相反，在古巴的中国人还参加了1868—1898年的古巴独立战争，他们和古巴当地人成功地结成了跨种族联盟，并且古巴共和国宣称将致力于成为一个多种族的民主国家，这些为他们成为古巴公民创造了条件。但与此同时，在古巴媒体以及政府和警方的报告里，还有民众的态度上，都出现了对中国人的负面看法。"

一份1920年埃利斯岛移民站的记录显示，一名叫"钟捷"的中国人来自古巴哈瓦那。然而，这名男子与"泰坦尼克号"上同名幸存者在年龄上相差较远，所以无法证明"泰坦尼克号"上的钟捷后来生活在古巴。

"安妮塔号"的另一个目的地是牙买加的安东尼奥港。在对待中国移民方面，牙买加与古巴的情况差不多。牙买加的环境和作物（如糖料）与古巴类似，英国殖民政府对中国移民的要求是支付30英镑（约合现在3.1万元人民币）的费用，并通过识字测试。契约劳工在1912年仍然是一种选择，但它在1917年被禁止了。

纸生仔

当方荣山、李玲和林伦计划到克利夫兰从商时，他们必须解决一个最根本的问题，那就是他们如何将自己的身份从没有资格入境定居美国的商船船员转变成有资格进入美国的商人。

当1882年《排华法案》颁布时，一道虚拟的边境墙被构筑起来，将华工拒之门外。然而，那些打算做华工的中国人并没有立即放弃去美国。那时，加拿大和墨西哥与美国并没有明显的陆上边界，中国移民可以先到那两个国家，然后再过境进入美国，但进入加拿大和墨西哥并不比进入美国容易。

1888年之后,《排华法案》又补充了一项《斯科特法案》,该法案规定,即使是在美国定居的中国人,如果返回中国或者去其他国家后,也被禁止再次入境美国。

直到1898年,一个出生在旧金山的中国人为自己和其他中国人,更为之后所有在美国境内出生的孩子,争取了出生公民权,他叫黄金德。美国宪法第十四条修正案的颁布,主要是为了确保非裔美国人,特别是以前的奴隶,在美国南北战争(1861—1865年)结束后获得美国公民身份。尽管当《排华法案》生效时,已经在美国的华人被允许继续留在美国,但他们没有资格通过入籍成为美国公民。

美国宪法第十四条修正案第一款第一句规定:"所有在合众国出生或归化合众国并受其管辖的人,都是合众国的和他们居住州的公民。"黄金德于1890年前往中国,然后在同年晚些时候回到美国。1894年,他再次前往中国,但次年回美国的时候,他被拒绝入境美国。旧金山海关官员称,由于黄金德的父母是中国公民(确切地说是臣民),他也应该是中国公民,而不是美国公民。他在多艘离岸的船上等待了5个多月,其间他的朋友们和旧金山当地华人社团一直在推动黄金德案子的进展。他的案子经多家法院审理,最终递交到美国最高法院。最高法院以6票赞成、2票反对的结果,确认了黄金德的美国国籍,不过出生公民权直到1924年才适用于美国原住民。在黄金德案发生100多年后的今天,非美国公民在美国所生的子女是否能够获得美国公民身份的问题仍然存在争议。

因此，中国人移民美国成了一场斗智斗勇的较量。从香港或上海登上赴美的轮船，一周后到达旧金山，结果却被拒之门外，这无疑是一项危险且昂贵的冒险行为。任何走到这一步的人都希望得到一个成功的合理保障。假扮外交官、学者、教师、游客，甚至是商人，对大多数想在美国找工作的中国劳工来说是根本不可能的事。随着时间的推移，相对而言，规避这些限制性法律的最简单方法是证明自己是美国公民的儿子。

一场灾难为许多中国移民打开了"金色大门"。1906年4月18日，旧金山大地震摧毁了该市的大部分地区。地震引燃了一场大火，进一步破坏了没有被地震摧毁的地面建筑。因为旧金山当时是（现在仍然是）美国华人移民最集中的地方，几乎所有相关中国人的入境记录和出生记录都存放在那里，而这些文件与城市的大部分地区一起被烧毁了。

有数百名华人在此次灾难中遇难。但经过这次灾难后，美国的华人群体又燃起了新希望。出生记录和移民记录都被烧毁，再加上黄金德一案的裁决结果，使美国移民官员想要证明某个华人是不是在美国出生变得更加困难。

对那些想去美国和想留在美国的中国人来说，声称自己出生在美国就变得容易多了，因为相关的文件已经不复存在。考虑到在美国出生的华人女性数量很少，一开始如此操作

第十章
随风散落

对男孩来说要比女孩容易得多，但后来对女孩来说也变得容易了。

正是在这种情况下，诞生了"纸生仔"的概念。当有人想去美国时，他们通常需要提交二选一的文件证明：要么称自己在美国出生，在很小的时候被送回中国接受教育，现在想回到美国；要么称自己是在中国出生的，父亲在美国有公民身份，因此自己现在有权获得美国公民身份。此外，当华人男性从中国旅行回到美国时，他们通常会提交一份文件说明自己的儿子近期出生，由此为他们自己的儿子或其他人之后到美国创造了机会。大多数"纸生仔"与担保人之间是近亲关系，比如是担保人的侄子或表亲，但在某些情况下也可能只是与担保人在中国的亲人相熟，甚至可能是花钱购买身份的陌生人。

甚至在1906年旧金山大地震之前，中国移民已经频繁使用这种方法了。1901年，美国地方检察官助理邓肯·E.麦金莱这样说道："这种故事几乎人人都讲，他们研究得很透彻，提供给法庭的证据也非常谨慎仔细。据一位联邦法官估计，如果他们讲的故事都是真的，那么每一个25年前来美国的中国妇女，至少都生了500个孩子。"

从中国到加利福尼亚（或西雅图）的艰难航程对那些想要成为"纸生仔"的人来说也是一件好事，因为漫长的旅程给了他们数周的准备时间，让他们反复熟悉自己的新身份。

天使岛

自 1892 年以来，大批从欧洲移民到美国的人都需经过纽约港的埃利斯岛移民站。为了应对新一轮来自亚洲的移民潮，并且要实施比以前更仔细的检查，美国政府在旧金山湾的天使岛开设了一个相似的移民站。天使岛早在 1891 年就被用来检疫隔离来自亚洲的入境旅客，从 1910 年开始成为一个官方的移民检查站。不同的是，埃利斯岛基本上像是海港里一个被过度开发的岩石，而天使岛则是被一片茂密树林覆盖着的丘陵绿洲，从岛上可以看到旧金山、奥克兰和太平洋的美丽景色。

在天使岛上，到达的中国人被确认身份并与其他旅客分开。移民官员首先要对他们进行健康检查。后来，一位移民回忆起这个过程时说道："我们刚到这里，就被直接带去医院大楼做体检。医生叫我们把所有衣服都脱掉。那样真的很丢人，中国人从不会那样暴露自己的身体。他们反复地检查你，我们非常不习惯这种事——特别是在白人面前。"

"纸生仔"背后的逻辑跟美国的"证人保护计划"十分相似。"证人保护计划"是为了保护那些参与检举起诉重要罪犯的证人而给予证人新的身份，有时甚至盗用别人的身份，也就是完全采用另一人的数字身份。"纸生仔"也一样，他们必须知道自己新身份的各种细节信息，甚至比他们对自己的真

第十章
随风散落

实身份了解得还要多。

如果申请人身体健康，他（或她）稍后会在一间宿舍里等候接受盘问。一位学者曾写到她的祖父当年从台山地区到达美国时接受盘问的场景："他当时回答了有关他的名字、年龄、易姓家族和易家所在村子的问题。他已经仔细研究过这些细节，包括村子里有多少排房子，最近的市场叫什么，他父亲多久回来一次，邻居的职业和家庭构成，以及家里钟表的大小和位置。"

尽管天使岛上实施了非常严格的拘留检查，而且许多人用的是假身份，但仍有75%以上的移民都通过了天使岛的审查，最终被允许进入美国。在该移民站运行的30年间，天使岛的官员处理了大约100万人次的移民入境申请，其中大约有17.5万人是中国人。正如数百万欧洲裔美国人现在都会将他们的家族最初抵达美国的地点追溯到纽约的埃利斯岛，数十万或更多华裔美国人的祖先或亲戚第一次登陆美国的地方是天使岛。

1912年春天，一艘英国的香蕉船载着6名中国船员在北美洲海域航行。此时，对他们来说，最好的选择应该是留在船上乘风破浪，等待更好的机会。

六人分散

这6个人中，第一个离开"安妮塔号"的是老大亚林。"安妮塔号"航行3个月后，于7月29日回到纽约，亚林便是在此时离开了这艘船。该船的航海日志显示，他拒绝报告工作状况，不接受检查，因此收到了负面报告。可能是因为这个纪律问题，当船返回纽约时，经双方协商，亚林离开了"安妮塔号"。

"安妮塔号"在1912年8月11日抵达费城时的中国船员名单，让我们得以了解到这些人当时的处境。当时，他们自4月出发，途经加勒比地区，又返回纽约。亚林在第一次全部航程结束后就离开了。此时船上有10名中国人，其中包括6名"泰坦尼克号"幸存者中的5人。有趣的是，方荣山此时使用的名字是"丙星"，这是他的又一个化名。严喜的名字被登记为"Nim Hee"，虽然他在大多数的航运记录上都留下了签名"严喜"，但这次他却用"++"标记代替了签名，这个符号代表他是文盲。我们不清楚他为什么这么做。据描述，他"左脸上有疤痕"——中国船员名单上常包括标志性特征，可能是因为船上的美国或欧洲船员觉得中国人之间很难区别，特别是刚上船的新船员。

当船在费城停留时，钟捷被留在了当地的医院。他在整个航海生涯中，始终饱受病痛之苦。"安妮塔号"的航海日志表明，钟捷被诊断为胸膜炎，这是一种肺部感染的疾病。

后来，钟捷重新回到"安妮塔号"。但在1913年3月，根据船上的航海日志记录，钟捷在船到达牙买加的安东尼奥

第十章
随风散落

港时再次被送往医院。虽然由于健康问题，钟捷在"安妮塔号"上的时间断断续续，但据说他是"泰坦尼克号"的6名中国幸存者中最后一个离开"安妮塔号"的人。

在另外一份记录中，有一位名叫钟捷的船上厨师，于1914年7月3日在伦敦死于肺炎，去世时大约24岁。他与"泰坦尼克号"的幸存者和"安妮塔号"的船员钟捷年龄相仿。如果说钟捷从北美洲经由牙买加返回英国，也是说得通的。除了年龄相仿之外，死于肺炎这一点也和钟捷的情况匹配——虽然这种疾病在当时和现在都很常见，因为钟捷在"安妮塔号"上时早期曾患有类似的胸膜炎。

钟捷被安葬在伦敦西汉姆的东伦敦公墓。20世纪80年代，钟捷墓地上方的空间被重新利用，墓碑也因此被拆除。据说是被转移到1927年设立的"纪念在英国去世的中国人"纪念碑附近。

当我们开始对"泰坦尼克号"上的中国乘客展开研究的时候，曾经有一条线索有望让我们更全面地了解钟捷的故事。在台山市，有一位在美国出生的李姓华裔商人表示，他妻子一家就是来自台山地区，与钟捷有亲属关系，而且后代都知晓他在沉船事件中生还的故事。然而，除了这些基本的事实外，这位先生再没有提供其他更多信息，而且他也不再对此做出任何回复。也许有一天，他或者他的家人会更详细地讲述钟捷的故事。

一战的干扰

一次煤炭工人大罢工使几名中国船员从英国抵达大西洋彼岸，但两件同时发生的事件又把他们带了回去。

1914年夏天，这6个中国人中有5人还在船上工作——另一个中国人钟捷不久便死于肺炎。不管怎样，随着中国船员的需求市场从美洲沿岸转移到欧洲，他们停留在北美洲的时间也即将结束。

1914年6月，一战在欧洲爆发，对立阵营中的一方是由英国、法国和俄罗斯等组成的协约国阵营，另一方是由德国、奥匈帝国和奥斯曼帝国等组成的同盟国阵营。这意味着英国和法国需要每一个健壮的船员为海军服役。由于美国在战争的头3年保持中立，加拿大仍为英联邦自治领，商船需要一切可用的船员来将商品和物资从北美洲运到英国和位于欧洲大陆的协约国成员境内。中国船员在维持地区和全球航运方面再次发挥了关键作用。尽管在战争期间，很少有中国人作为士兵和海军人员参战，但有14万名中国人与他们的船员同胞一起，作为中国劳工旅的一部分，在欧洲战场上担任了非战斗性的角色。

从战争开始，德国就试图封锁不列颠群岛。对英国这样一个岛国来说，在航空运输还没有发展起来的时候，这无疑是一个致命威胁。英国皇家海军是当时世界上规模最大的海军,但德意志帝国海军的实力也不容小觑。虽然潜艇不是德国发明的,但德国军队坚信潜艇具有强大的力量,它不仅是一种有效的武器,而且能够震慑那些依赖海运的国家和经由海路完成跨国旅行的乘客。在此之前,中国船员所面临的都是航行途中和在工作场合通常可能存在的危险,比如被机械伤到,或是与意料之外的冰山相撞等,但这时的他们在航行途中还要面临德国潜艇的追击。

对英国来说,拥有一支强大的海军是确保英国本土及其庞大的殖民帝国安全的唯一途径。随着英国船员都在英国海军舰艇上服役,英国商船需要尽可能地招募经验丰富的商船船员,因此在之后的几年里,它们对船员来自哪里并不太挑剔了。突然间,欧洲航运公司出现了大量司炉工和厨师岗位需求。据航运记录显示,"泰坦尼克号"上的中国幸存者又回到英国的船上工作,即便不一定是在欧洲海域,但至少是在大西洋东岸海域。

1915年《船员法》

仿佛欧洲对中国船员的需求量还不足够大,此时美国传递给了中国船员一个很明确的信息:滚远点!

除了仍具法律效力的《排华法案》外,美国还通过了旨在保障美国船员的工作机会、提高船上安全性的新法案。这项新法案实际上是"泰坦尼克号"沉没事件引发的连锁反应，其中包含了许多规定，比如每艘船上必须配置一定数量的救生艇、每艘救生艇必须由经过认证的人来操作，以及要定期进行救生艇演习以确保成功装载和下水。

该法案的官方名称是《促进美国商船船员福利法案》，通常被称为1915年《船员法》。该法案没有单独列出任何种族或国籍，但它对船员的资格和语言能力做了一些强制性规定，使外国船员登船的机会大大减少。

按照要求，每艘船上需要有75%的船员"能够理解船上高级船员下达的指令"，并且在该法颁布后的5年内，至少要有65%的船员达到全能水手或以上级别。这两个要求对大多数母语为非英语的船员来说都是遥不可及的。根据正式的船员级别要求，全能水手要执行"甲板上的服务"，或"涉及航行中船舶指挥的机械工作，如舵手、瞭望员等，这些都是不可间断的工作"。换句话说，这些都不是那些在锅炉房、机舱或是在厨房工作的人能够胜任的工作。在1915年，中国船员有可能被雇来从事甲板下的工作，但他们根本没有机会被分配从事诸如领航或操作船只的任务。突然间，绝大多数中国船员不仅没有资格在美国的船只上工作，而且也不能在进入美国港口的外国船只上工作，因为这项法律对驶入美国的外国船只也是有法律效应的。

"泰坦尼克号"上的中国幸存者的就业情况表明了他们是

第十章
随风散落

如何随波逐流回到欧洲的。他们在1912年春天转移到北美洲,到1914年又回到了他们出发的地方,大多数人再次驻扎在伦敦的莱姆豪斯地区,那里仍然是中国船员在英格兰南部的聚集地。随着战争的临近,英国的航运业务开始转移到利物浦。面对德国潜艇的威胁,英国的航运中心从英吉利海峡转移到爱尔兰海,相对提高了英国航运的安全性,也更接近英国的造船中心。利物浦当时已经出现了欧洲最古老的唐人街,为即将到来的中国船员提供了一个方便的生存基地。

1912年12月27日,"安妮塔号"在纽约遣散了方荣山、严喜,只留下李炳、张富作为船员。

之后,这些人似乎再也没有一起工作过,无论是作为一个团队,还是两人搭伙。也没有迹象表明他们后来仍然保持联系。因此,即便"泰坦尼克号"上最初的8名中国人中存在亲属关系,那么他们也一定不是近亲。

这6个人花了很大的精力,先是试图隐藏自己的身份和出身,后来又试图证明自己的身份。要想追查这6个人的历史,需要非常仔细地梳理线索,分辨线索里的信息,比如船员名单上的名字,以及移民档案中类似的名字。有时,这些线索会突然中断,而且无法重新连接。不管怎样,如果没有他们后来的亲人出现或者没有已经发表的有关他们的故事,我们就只能通过梳理线索来揭示他们不愿分享的这段历史。

第十一章
严喜、亚林和张富

严喜

在 20 世纪初，所有进出英国的商船船员都有一张被称作 CR10 的身份记录卡作为船员的登记文件，上面包含船员的姓名、出生日期、出生地、国籍、在船上的级别或工种、身高、体重和标志性特征等个人基本信息。卡片的背面还有一张船员的照片。

有一张与"泰坦尼克号"上的中国幸存者有关的 CR10 记录卡是严喜的。卡片上显示，他的出生日期为 1889 年 1 月 22 日，来自香港，职位为司炉工。

卡片背面有一张照片，是一个穿着西装、打着领带的年轻人。在他的左脸颊上有一道很清晰的伤疤，正如在"安妮塔号"船员名单上所描述的那样。这张照片给我们提供了一个难得的机会，让我们看到一个"泰坦尼克号"上的中国幸存者的真实面貌。

他名字的英文拼写经常变换，但"严喜"这个独特的中文名字清楚地表明了他的身份。严喜会写自己的名字，虽然在某些情况下他写不出来。在大多数船员名单上，"Ling"所对应的都是中文"凌"。虽然船员名单上一些人的英文名经常发生变化，或者存在拼写不统一的情况，但中文名字应该总是一样的。

严喜似乎一直在船上工作。1920年，他以"Yum Hui"这个名字出现在"基隆号"的船员名单上，"基隆号"于当年5月从伦敦启航，12月返回。然而，严喜并没有随船返回伦敦，记录显示，他于10月在印度加尔各答弃船离开。

严喜为何弃船逃走，我们不得而知。对任何船员来说，擅自弃船都是一种严重的罪行，他知道弃船的严重性，所以应该是思虑再三才做出了这个决定。选择在加尔各答弃船看上去是一个奇怪的决定，但这里是"基隆号"最靠东的停靠港，所以如果他想回香港，这里便是这艘船所能到达的离香港最近的地方了。此外，加尔各答在1911年以前一直是英属印度的首都，至今仍有一个以客家人为主的华人社区。严喜在1920年10月离开"基隆号"后，英国的航运记录中再也没有了他的踪迹。

然而，严喜的故事也许并未结束于此。一个同龄的严喜出现在一艘名为"塔尔塞比乌斯号"的船上，这艘船从香港出发，于1927年7月到达美国某港口——可能是旧金山。严喜在船上是一名司炉工。但他的标志性特征描述中并没有提到左脸颊上的伤疤。

人口普查资料显示，有一个名字叫严喜的人曾住在旧金山唐人街东北角的贝克特街30号。这位严喜54岁，与CR10上显示的严喜年龄相近。资料还显示，严喜是个鳏夫。其住所的另一个住户——一个叫阿芳的人提供了这些信息，阿芳的描述也可能有些出入。

不久之后的1942年和1943年，这位严喜在旧金山以南的海边城市蒙特利停留了一段时间，根据当时的外国人登记卡显示，他的出生日期是1886年10月27日。在蒙特利湾等当地水域捕获的鱼通常会被做成鱼罐头，因此这里的鱼罐头工厂有大量的工作机会。这种又脏又臭而且工资一般的工作，美国人都不愿意做，却常常吸引着中国移民。作家约翰·斯坦贝克在1945年创作的著名小说《罐头厂街》中，有一个重要的角色就是一位杂货铺华人老板。

1946年，这位严喜开始申请美国居留权，此时他已经把"Ling Hee"作为自己固定的英文名字。《排华法案》终于在1943年被废除，在美国的中国移民能够申请获得公民资格。然而，由于这些人已经花了几十年的时间努力隐瞒自己的真实身份和入境状况，要证明他们是如何入境、何时入境以及他们自入境美国以来的经历是非常困难的。

美国公民及移民事务局（USCIS）所提供的严喜的档案显示，他的出生日期为1886年10月1日，出生地点在香港或

第十一章
严喜、亚林和张富

香港附近。根据这份未注明日期的档案,他于1918年10月10日入境美国,当时他在一艘隶属于阿迪克·霍兰德轮船公司的船上工作,这家公司的名字在现有记录中没有查到。档案还显示,他曾是阿拉斯加罐头厂工会和安平协会的成员。虽然他在申请合法居留权时是失业状态,但他在此之前的一份工作是厨师。如果严喜是从旧金山进入美国的,那么他很可能是唯一一位通过天使岛进入美国的"泰坦尼克号"中国幸存者。但即使这些都是事实,那些记录也并没有被保存下来,并不会对他申请合法居留权有任何帮助。

这份档案中没有申请人的照片,但有他的签名。这个签名看起来更像"许㵸",而不是与"泰坦尼克号"幸存者相关的"严喜"。

这位严喜于1975年7月17日去世。即使在他的官方死亡证明上,他的信息也不尽相同。死亡证明上记录的他的出生日期是1887年10月1日。他被安葬在加利福尼亚州旧金山南部科尔马的中国六公司公墓。他没有孩子,要么从未结婚,要么中途丧偶。

亚林:新的开始?

大约在钟捷离开"安妮塔号"的时候,一个叫林才的人成为"诺希尔达号"的船员,这艘船也是唐纳德轮船公司的。

林才在 1913 年 3 月 3 日登船，他表示自己服务的上一艘船是"安妮塔号"。这个人是改了名字的亚林吗？

在那段时间，并没有其他姓林的中国船员在"安妮塔号"上工作，林才与亚林同龄。亚林之前曾因纪律问题而离开了"安妮塔号"，但也许此时他本人和唐纳德轮船公司都已经将此事抛之脑后，毕竟一张熟悉的面孔总比一张必须接受再培训或需要重新适应船上工作的新面孔好。如果不是因为脾气有点不好，以亚林这个年纪，他应该是一个受欢迎的船员。

现存的 CR10 卡中，与"泰坦尼克号"幸存者相关的就是一个叫林才的中国船员。

这个林才的 CR10 卡上没有他的中文姓名以及签名，也没有他服务过的船只的名单，因此我们无法确认这个林才与"诺希尔达号"上的林才是否为同一人。但这个林才的年龄、出生日期与亚林和"诺希尔达号"上的那个林才相符，都是 1874 年 4 月 1 日。记录显示，他来自香港，和"泰坦尼克号"上的记录一样。

从他的照片中我们似乎能看出很多信息。这名男子看上去很健康，但不像是 40 岁左右的年龄，而是显得要年长一些。他脸上的皱纹就像是海上的波浪。照片中的他并没有笑容。他像是那种有工作就做，常年待在海上的人。我们不太了解亚林／林才，不知道他在船上奋斗多年是否都是为了支撑那个远在中国香港或其他地方的家，也不知道他是否早早

第十一章
严喜、亚林和张富

就开始在船上航行，从未停止过。

林才后来在老登普斯特公司旗下的几艘船上工作过，老登普斯特公司是一家主要从事国际邮件运输业务的航运公司，拥有"卡杜纳号""本杜号"等轮船。到1920年夏天，他在远洋轮船公司的"阿基里斯号"上工作。

伯肯黑德位于默西河西岸，隔河与利物浦相对。"阿基里斯号"从伯肯黑德出发，向东航行，经过地中海，穿过苏伊士运河，横跨印度洋，到达几个主要目的地——新加坡、中国香港，最后是上海。在上海，所有的中国船员都被解约，回程时也并没有重新被雇用。在这之后，亚林／林才再也没有出现在类似的英国航运记录中——当时英国的航运公司是中国船员的主要雇主。

不过，他很有可能在其他地方的船上继续自己的船员生涯。1926年7月29日，"斯特拉斯号"在华盛顿州西雅图停留时的记录中出现了一个叫亚林的人，年龄50岁，是一名厨师。虽然这个亚林比"泰坦尼克号"上的亚林年龄稍小（后者应该是52岁），但名字、年龄和职业都非常相似，值得注意。在这之后，航运记录中也再也没有出现他的踪迹。

太多个"张富"

追逐历史的印记有时会使人进入死胡同。张富的名字的英文拼写使他成为最难追踪的人之一。它有多个不同的变体"Chang Foo""Cheong Foo""Cheung Foo""Chung Foo"。它们在不同方言中对应着不同的中文名字。"Cheong"对应的究竟是"章""张",还是"程"?"Foo"代表的是"富",还是"福"?

另外,还有一个问题使我们追踪这个人更加费力。由于不识字,张富没有留下任何签名,无法与其他记录进行比较。如果在其他航行记录里找到签字为"++"的张富,是否意味着是同一个人?有些地方还出现了"张富"这个中文名字,他最终学会写自己的名字了吗?如何将这个人与以前的记录进行对比?

张富在"安妮塔号"上停留的时间比其他"泰坦尼克号"上的中国幸存者都要长。记录显示,1914年3月,他出现在"托莱多皇冠号"上,是一名司炉工。之后的他便行踪不明。然而,之后出现了一个有趣的线索,指向的是一个在英国的张富。

与英国属地和前殖民地不同,英国本土从未推行过反异族通婚的法律。尽管如此,白人女性和非白人男性之间通婚仍然很少见,而且通常会遭到反对。

1936年6月,英国报纸上的一篇文章中报道了一个案件——一个原名叫乔治娜·贝尔曼的女人,嫁给了一个名叫张富(Chung Foo)的男子。两人的婚姻关系和"张富"这个名字由此成为公众关注的焦点。

报纸上是这样描述的:

今天下午,在西哈特尔普尔的豪贝克研究所对住在马斯格雷夫街22号的华人洗衣工张富(46岁)进行了验尸,他在周日清晨被发现昏迷,看起来是煤气中毒。

乔治娜——张富的太太说,周日凌晨2点半,她的丈夫走进她的房间,准备上床睡觉。然后,张富突然抓住她,想勒死她。张富打了证人(乔治娜),后者跑出房子,跑到街上。

一个骑自行车路过的人帮她向警方求助。

验尸官(诺曼·格雷厄姆先生)给张富太太看了一封信,问信上是不是她丈夫的笔迹。

张富的太太指着信的上半部分说,那部分是她丈夫写的,但她认为其余部分肯定不是丈夫写的。

当被问及信中内容的含义时,这位妻子说:"全是谎言。"

(警员)米克说,当他被叫到家里时,张富的太太穿着睡衣站在外面。张富躺在里间卧室的一个角落里,房间里有股强烈的煤气味。他已经昏迷。身旁有一根煤气管。

判决结果是"自杀"。

张富夫妇并不是第一次引起警方的注意。此前，两人曾因持有和走私鸦片被判处一个月监禁。

尽管这个故事引起了一片哗然，但和乔治娜·贝尔曼结婚的张富很可能不是"泰坦尼克号"上的张富。单从"泰坦尼克号"上中国幸存者的记录中的年龄来看，这个张富太年轻，两个张富相差了近10岁。

搬迁

也许亚林和张富都被卷入了英国移民史上一个鲜为人知的黑暗篇章，这些黑暗的历史也是近几年才为人所知的。

很多中国船员在一战期间为英国商船服务，他们和船上的英国高级船员以及其他来自加勒比地区、非洲、中东和印度的船员一起工作，一起面对死亡。英国的货船时常遭到德国水面舰艇的攻击，或遭到德国潜艇的鱼雷袭击。涉及中国船员的最著名的沉船是"维诺维亚号"，这是冠达邮轮的一艘货船，于1917年12月在英格兰西南部的康沃尔附近被鱼雷摧毁。一共有9人死亡，其中6名是中国人。

其他遭到袭击的商船还包括亚林/林才曾经服务过的"阿基里斯号"，这艘船在1916年被德国潜艇击沉，虽然他那时已经不在船上。亚林/林才曾服务的另一艘船"诺希尔达号"于1917年被潜艇击沉。

一战结束时，在战区执行过至少一次任务的船员，包括中国船员，都有资格获得英国1919年颁发的商船作战勋章。战争期间，在英国商船上死亡的中国船员的确切人数不得而知。2006年，在利物浦竖起了一座为缅怀一战和二战期间牺牲的中国船员的纪念碑。根据现存的记录（许多记录在二战期间伦敦遭到轰炸时被毁），至少有493名中国船员获得了此奖章。可以这样说，即便"泰坦尼克号"上的中国幸存者中有人获得了此奖章，相关记录也已不复存在了。

但这种对中国船员的感恩之情并没有持续多久。早在1916年战事正酣之时，"船员和司炉工联合会就在伦敦的莱姆豪斯和波普勒周围组织抗议集会，反对英国船只上越来越多地雇用中国劳工"。

为了安排成千上万名从战争中复员的英国船员的就业问题，在1919夏天，英国劳工部等政府部门提议将失业的中国船员遣返中国。这只是冰山一角。实际上，英国遣返了英殖民地和属地的大量劳工，其中还包括来自加勒比地区的黑人劳工和来自中东的阿拉伯劳工，以应对在英国各地港口城市同时发生的一系列种族暴力骚乱。不管怎样，这种做法都是有问题的。

警方对英国唐人街（主要在利物浦和伦敦）进行了大规模调查，评估当地中国人的数量以及他们的回国意愿。在这次调查中，42岁的林才是被采访者之一，他住在利物浦皮特街 20 号。调查记录这样描述："船员；自称是香港人；1919年2月2日乘'卡杜纳号'船到此地；至今失业；欠9英镑食宿费。"

英国政府还制订了一个秘密遣返计划——先将中国人集中起来，然后趁夜里将他们送上船，在他们抵达中国后给他们7英镑遣散费。但英国政府后来取消了该计划，因为当时的中国驻英国大使反对这项行动。中国和英国的关系当时正处于冰期，因为英国和其他协约国成员在商讨解决一战后领土争端相关事宜时，忽视了中国要解决与日本领土争端的诉求。

尽管遣返计划取消，英国船员和外国船员之间的摩擦并没有消失。英国政府采取了两项行动。

第一项行动是延长1919年的《外国人限制法案》。这项法案是在战争刚刚开始的1914年颁布的，它允许英国政府监视非英国人，特别是来自德国和奥匈帝国等敌国的人。这也使得英国航运公司雇用外国船员包括中国船员变得更加困难。

第二项行动指的是运营中英航线的英国航运公司受政府鼓励甚至命令，在1919年底至1920年间开始逐步驱逐中国船员。没有夜间突袭，没有人被绑架到船上，也没有拳打脚踢和尖叫声。取而代之的是，这些航运公司正常雇用中国船员，提供住宿和薪酬。在船抵达上海后，中国船员无论是否来自上海，都会被支付薪酬并被遣散下船。没有任何中国船

第十一章
严喜、亚林和张富

员会被重新雇用并随船返回英国。

无论这一行动方案是否得到官方支持,其实效果都是一样的。1920年,英国的唐人街变得空无一人;利物浦的中国人数量从数千人下降到数百人;中国男人和英国女人组建的家庭被永久拆开,所生的孩子再也见不到他们的父亲,也不知道他们发生了什么。爸爸出海了,再也没有回来。

亚林/林才和张富可能都是以这种方式从英国被遣返的。其中亚林似乎可能性最大,在1919年的警方报告中,他是乘坐"阿基里斯号"前往上海的,而且是单程。已经在英国安顿下来的张富,可能也落入这个陷阱,虽然他的名字太过大众化,导致我们很难厘清他长年的行踪轨迹。

1920年,中国人在全球航运业中的角色走向终结。美国航运公司开始与英国航运公司竞争在海上的霸主地位,而这两个国家实施的限制令使中国船员很难继续在亚洲以外的地方找到工作。1850—1920年这段时期对中国船员而言,称不上是黄金时代,虽然在这期间,成千上万的中国男性得到了许多就业机会,但这些工作大部分是危险而艰难的,没有保险,也没有养老金。这些人所挣的只有工资,如果他们不把钱存下来或把钱都用来帮助他在中国的家庭,那就只落得身无分文了。疾病、受伤、海难或者仅仅是解约都可能导致他们不名一文地滞留在外国的港口。像亚林这样的人之所以一直待在海上,是因为他们在陆地上无处可去。

亚林、张富和严喜也完全有可能最终都是自愿返回中国的。在 19 世纪 50 年代中期至 1920 年期间，绝大多数中国劳工只是将到海外工作作为一个中短期计划。为了回国，他们努力赚钱以确保他们的家人或他们自己有更好的经济条件。然而，许多人再也没有回去，要么是因为负担不起旅费，要么是因为大环境彻底改变了他们的未来。

有两位"泰坦尼克号"上的中国幸存者去了加拿大和美国这两个最难进入的国家，他们的故事比较完整。从遭遇世界上最严重的海难之一，到在纽约被拒之门外，两人之后又在海上生活了很久，直到他们抓住了上岸的机会。

第十一章
严喜、亚林和张富

第十二章

李炳

美国诗人和剧作家T.S.艾略特曾经这样写道:"我们称之为起点的往往是终点,而结束往往意味着开始。终点是我们的开始的地方。"对"泰坦尼克号"上的幸存者李炳来说,的确如此。

"李坤(Lee Coon),加拿大安大略省加尔特镇最知名的华人之一,于1943年6月2日在自由港疗养院去世,长期以来被餐厅的许多顾客称为'大厨'。他病了大约一年,去世之前在这家疗养院住了大约10个星期。李坤大约在25年前从中国广州来到加尔特镇。他先是做了一小段时间的洗衣店生意,后来成为'城市咖啡'的合伙人。这家餐厅在南水街4号经营了多年,最近几年搬到了南水街14号。李坤去世时大约64岁。"随后,报纸上刊登了一则葬礼通知:"6月4日,星期五,下午3点,在T.利特父子有限公司的殡仪馆举行葬礼,地点是格兰特大街39号。他将被安葬在山景公墓。"

山景公墓位于加拿大安大略省剑桥市，几十年来一直没有李坤的家人来探访过。他的墓碑就像是一块罗塞塔石碑[①]，上面记录着：他出生于1879年，出生时的中文名是李云安（但他的英文名是 Lee Coon 或者 Coon Lee）。在他的中文名字上方写着他的出生地——横塘，这是广东省台山市中南部的一个内陆村庄。于是，这个墓碑就成为我们的探索真正开始的地方。

跟许多来自横塘的年轻人一样，当年的李坤想尽办法前往香港寻找工作机会，最后在船上找到了工作。早期的航运记录显示，他曾使用李炳这个名字，登记的常住地址是香港德辅道西25号（在现在香港岛的上环地区）。这里是许多来自台山的船员在等待上船工作时的临时住处。正是出于这个原因，那些"泰坦尼克号"上的中国乘客中有人在上船时登记为来自香港，但其实他们来自中国的其他地区。

据档案资料显示，李炳身高在1.65米到1.73米之间，左前臂上有个很像蝴蝶的文身。有一些消息来源显示，李炳曾经和一名叫"杜萍"（音译）的女人结婚，但这则信息仍有争

[①] 罗塞塔石碑，制作于公元前196年，刻有古埃及国王托勒密五世登基的诏书。石碑上用希腊文字、古埃及文字和当时的通俗体文字刻了同样的内容，这使得近代的考古学家得以有机会对照各语言版本的内容，从而解读出已经失传千余年的埃及象形文之意义与结构，这成为今日研究古埃及历史的重要里程碑。——译者注

议。如果他们真的结过婚，那么李炳去外面工作的时候，他的妻子很可能一直留在横塘。

在登上"泰坦尼克号"之前，李炳曾经出现在一艘可能名为"挪威号"的货轮（并不是后来那艘同名的豪华邮轮）的船员名单上。李炳和张富一起在这艘"挪威号"上工作。在此期间，他登记的住址为伦敦彭尼费特斯路51号或57号。这个地方位于伦敦的莱姆豪斯区，如前文所述，当时该区域有一个规模较小的华人社区，是在欧洲货轮上工作的中国船员在港口的临时逗留之处。

唐纳德轮船公司在英国布里斯托尔和美国纽约都设有办事处。不要将其和唐纳森客运公司混淆。唐纳德轮船公司为联合果品公司和大西洋水果公司这两大客户提供来往于欧洲各地和北美沿海地区的运输服务。这些货船常常被称为水果船，因为水果是船上最常见的货物，当然货船也可以根据客户的需求运送其他食品或材料。

1912年春天，英国煤矿工人大罢工。这场罢工几乎摧毁了完全依赖煤炭提供能源的航运业。船只都停靠在码头，无法航行。

唐纳德轮船公司既没有煤炭也没有钱使其船只继续航行。但公司并不希望其船员无所事事，于是将8名中国船员调往北美洲的船上工作。尽管当时中国劳工不被允许进入美国境内，但在行驶于美国沿海的船只上工作的中国船员不受这些

第十二章
李炳

限制。唐纳德轮船公司为这8个中国人买了"泰坦尼克号"的船票，票号为1601，他们准备出发去北美洲。

"泰坦尼克号"沉没时，李炳和亚林、钟捷、严喜登上了C号折叠式救生艇，然后上了"卡帕西亚号"，再后来登上雇用他们的船"安妮塔号"。李炳和同在"泰坦尼克号"上的李玲同姓，但除此之外，并没有任何证据显示两人之间有亲戚关系。

在"泰坦尼克号"沉船事件发生大约6个月后，李炳提交了一份索赔要求，要求赔偿99.43美元的财产损失，他损失的财产几乎全部是衣物。当时的99.43美元大约合今天的2 600美元。如果说一个人失去了所有财产，这个索赔数额看起来是合理的，但在那个没有电子产品的时代，男性随身携带的物品除了手表或钟表外，并没有化妆品或珠宝，这个索赔数额看上去并不合理。当然，在没有个人保险的时代，得到一点儿赔偿总比失去一切要好。然而，没有证据表明李炳以及另外5名中国幸存者中的4人获得了财产赔偿。

李炳在"安妮塔号"上的工作至少持续到1913年1月。第二年，一个叫"李炳"的人出现在加拿大小镇安大略省加尔特镇的人口普查记录上。

加拿大

当时加拿大紧随美国之后实施的排华移民政策，同样涵盖范围广泛且阴狠，在某些方面比美国的政策更严格，更干涉个人隐私。

加拿大的经济发展路径与美国如出一辙，最初都是西海岸地区落后于东部地区。1858年不列颠哥伦比亚省发现黄金后，来自中国等地的外国移民激增。就像当年美国西部发现金矿一样，这件事促使加拿大东部地区的政府想要修一条横跨东西的铁路，把整个大陆贯通起来。为了扩大对西部各种自然资源的开发，加拿大需要更多的劳动力，特别是愿意在边远地区从事又脏又累的工作的劳动力。

抵制中国移民的行为是匪夷所思的。尽管相互交叠的金矿所属权造成了矿区之间的紧张局势，但在大多数情况下，华工至少没有直接抢占其他群体的工作机会。虽然工资水平是一个问题，但有太多的工作要做，需要更多的人手——不管是中国人还是其他地方的人。

1885年，加拿大太平洋铁路建成后，通常被用来反对移民的借口——称他们身患疾病并且存在道德问题，变成了反对华工的武器。随即加拿大议会通过了1885年《华人移民法案》，抵制西海岸不列颠哥伦比亚省的中国移民，因为当时加拿大的中国移民几乎全部都在这里。

加拿大的1885年《华人移民法案》不仅通过法令限制中国人进入加拿大，而且还给入境加拿大的中国人贴上了价码。入境加拿大的费用，即人头税，被定为50加元（相当于今天的2 200加元），几乎是当时华工两个半月的工资。该法案限制的人群还包含拥有英国国籍的华裔人士，尽管加拿大当时还没有完全从英国独立。

虽然除了人头税，加拿大还有其他针对中国移民的限制，但中国人移民加拿大还是比移民美国容易一些。只要你能支付50加元——这个费用通常是申请人的加拿大雇主先帮他们支付，之后申请人以工作偿还，这一流程还是比较简单的。加拿大立法机构后来意识到这一点，将人头税提高到100加元，在1906年又提高到500加元。支付人头税只是中国人进入加拿大并获得可能的工作机会的渠道，并不能使他们获得加拿大公民身份。在人头税上涨了5倍之后，中国移民的数量明显逐渐减少，最终加拿大几乎完全禁止中国移民，而美国从未采取过这种举措。

1923年，加拿大实施了新的《华人移民法案》，与美国的《排华法案》基本相似。缴纳人头税的机会被取消了。与美国《排华法案》一样，加拿大的法案对中国的外交官、学者、商人和游客并不限制。

加拿大针对中国移民的政策中有一项繁杂但具有历史意义的规定，即9号加拿大移民表格（C.I.9表格），也被称为"离岸证明"。加拿大政府规定，任何希望返回中国或离开加拿大去往其他国家的华裔人士都需要出示这份文件，以证明他（或她）有合法身份回到加拿大。这使一份几乎完整的登

六人
泰坦尼克号上的中国幸存者

记文件得以保留下来，上面有超过 4 万条记录，不仅包含了个人信息，还有每个人的照片。

遗憾的是，没有一个 C.I.9 表格上的信息与李炳的年龄相匹配。有几份"李炳斯"（Lee Bings）的档案，但无论年龄还是描述都无法匹配"泰坦尼克号"上的幸存者李炳或者加尔特镇的餐厅老板李炳。可能李炳从来没有回过中国，因此不需要提交此类文件。

北方小镇的生活

加拿大安大略省的剑桥市堪称一座古雅的英国风情小镇。其实，从专业角度讲的确如此：北美的电影和电视作品制作中，当背景设定为英国或欧洲时，剧组通常会在这里取景，比如《指定幸存者》《美国众神》《使女的故事》等影视作品。

该地区最受摄影师青睐的是加尔特镇，与尼亚加拉大瀑布相比，这里离多伦多稍近一些。最初在这里定居的是加拿大六族部落的原住民，后来苏格兰殖民者从他们那里获得了土地，并于 1816 年建立了加尔特镇。加尔特镇于 1973 年与附近的赫斯佩勒和普雷斯顿合并，组成今天的剑桥市。

加尔特镇的中央大道本身看起来就像一个电影场景，从名字就能看出它在加尔特镇的地位，站在这里你不由自主就会想象满大街戴着礼帽的男人开着 20 世纪 30 年代的汽车的场景。在中央大道和水街的交叉口，沿着格兰德河的东岸，矗立着4家银行。这4家银行附近成了镇上年轻人的聚集地点，他们会先约好在这个"四角地"或"四银行"集合，然后再去其他地方玩乐。

当地作家暨艺术家鲍勃·格林在他关于20世纪在加尔特镇生活的回忆录中写道："在20世纪30年代，任何一个星期六的晚上，在加尔特镇中心都可以看到汽车络绎不绝地行驶在中央大道上，在水街和安斯利街那不同步的交通灯之间发出嘈杂的噪声，以至那些乱穿马路的人不得不互相大声喊叫才能听得见彼此。人行道上挤满了人。大多数人外出不是去购物，而是去散步和聊天，这在大萧条时期算是豪华享受了。买《乱世佳人》电影票的影迷们排成两排，队伍从水街的国会剧院一直延伸到中央大道的帝国银行，街角进出沃克尔商场的人不得不和观影者们挤在一起。"

格兰德河是一条容易泛滥的河流，经常扰乱当地人们的日常生活。有一份新闻录像记录了1929年4月当地暴发的一场洪水，可以看到，马路上满是积水，虽然汽车还能勉强前行，但给走路的行人带来了很大的麻烦。一些路人只好找一个二楼的地方，边吃午饭，边避洪水。在蒙特利尔银行旁边，中央大道16号的二楼悬挂着一个"I"字形的牌子，上面写着"白玫瑰咖啡馆"。

鲍勃·格林在他的书《窃听》中这样写道："李炳的餐厅

在沃克尔商场正对面的二楼，餐厅由一块块绿色软垫装饰的隔间组成，这样既能保护客人的隐私，又安静。每个隔间里的顾客都会不时向外张望，看看谁在旁边吃饭，谁刚刚进来。宾·麦考利称李炳曾经告诉自己，他是'泰坦尼克号'事件的幸存者，他曾是一名船员，但他并不愿谈论他是如何与妇女和儿童一起获救的。在李炳离开剑桥市多年后，一本关于'泰坦尼克号'灾难事件的书《此夜永难忘》出版，李炳出现在幸存者名单上。"

在白玫瑰咖啡馆还在营业的时候，李炳所属的李姓家族有几名男性成员在加尔特镇扎根。有人认为李炳可能是李坤的儿子。李坤的哥哥山姆·李在这个地区建立起规模虽小但日益壮大的华人社区。资料记录，李坤是1911年到达这里。李坤和山姆·李还有一个兄弟，名叫西伊·李。山姆有两个儿子——李是和李重芳。这两个孩子出生在中国，后来到加拿大与父亲团聚，但没有记录显示他们中任何一个人的妻子或他们的母亲曾一同生活在加尔特镇。

山姆·李最初在这个地区经营一家洗衣店，这是他们家族在那里的第一项事业，后来他们又进入餐饮业。

麦考利认识李炳，他常在白玫瑰咖啡馆吃饭。一名加尔特镇居民玛乔丽·巴塞洛缪回忆说，李炳是个好人。在不忙的时候，他会倒上几杯牛奶，然后端到咖啡馆楼下给在街上玩耍的孩子们喝。

第十二章

李炳

正如麦考利所描述的，白玫瑰咖啡馆是一家偏精致的餐厅，有其私密性且装潢不错，从菜单可以看出，它不仅仅是一家中餐馆，同时也提供西餐。

李炳不止一次出现在加尔特镇的奇闻逸事中。1938年，加拿大新闻社的一则新闻出现在《温尼伯论坛报》的头版，并附有一幅漫画，标题是："警察为李炳的逃跑而懊悔。"报道说："6月18日，安大略省基奇纳市的警察不得不经营一家中国洗衣店，这让他们非常难堪。因为这里的洗衣工李炳被法庭传唤后逃走了，而警察只能把所有要洗的衣服都搬到了警察局，一直在试着整理核对洗衣单。"基奇纳市的民众确实可能在加尔特镇的洗衣店洗衣服，但加拿大媒体只是记录了这个事件中幽默的一面，我们并没有找到任何有关李炳的犯罪记录或者审讯记录。

另一个故事涉及那个时代最著名的加拿大人之一——"加拿大冰球先生"戈登·豪，他在底特律红翼队获得冠军和荣誉之前，曾在加尔特红翼的预备队。剑桥市的作家戴维·梅纳里曾自行出版了一本书，记录了戈登·豪于1944—1945年曲棍球赛季期间在加尔特的时光。书中写道："豪回忆起当年在加尔特出去夜游时，都会'去一家小酒铺吃波士顿奶油派'。豪在红翼队的队友马蒂·帕弗里奇也对波士顿奶油派记忆深刻。'哦，当然记得，那家中国餐厅（城市咖啡，曾经坐落在帝国银行的小馆子旁边，在中央大道和水街拐角的十字路口处）。

是的,我们经常会去那里,尤其是在星期天,去吃那里的波士顿奶油派。"

看起来李家的生意在加尔特很成功,他们经营了一家洗衣店和两家餐馆,但在李坤1943年6月去世以后,他们便放弃了那里的产业。同一年晚些时候,白玫瑰咖啡馆关门了,李炳搬到了多伦多,他在那里的荔枝园餐厅工作。山姆·李和他的儿子们仍留在安大略省。在离开了荔枝园餐厅之后,李炳的去向便不为人知。

和钟捷的情况类似,在调查这段历史时,一个中国家庭的美国女婿称他的岳母一直说自己有一个亲戚曾在"泰坦尼克号"上。但他的岳父经常对这个故事和"有亲戚在'泰坦尼克号'上"的想法嗤之以鼻。这个家庭的中国成员最终拒绝讲述他们的故事。

谁是李炳?

李坤和李炳之间的关系疑点重重。李坤的年龄和"泰坦尼克号"上中国乘客李炳相仿。但后来公开使用李炳这个名字的显然是他的儿子。如果父子中的某一位是"泰坦尼克号"的幸存者,那么是哪一位呢?

很难相信一个在加拿大的中国移民会编造自己从"泰坦尼克号"事件中生还的故事。如果白玫瑰咖啡馆的李炳所讲述的关于他在"泰坦尼克号"上的故事不是真的,那对他也没有什么好处。当然,在20世纪二三十年代,安大略人已经知道"泰坦尼克号"了。多伦多也居住着许多幸存者和遇难者家属;住在安大略省东部切斯特菲尔德的富商艾利森一家是"泰坦尼克号"头等舱的乘客,赫德森·艾利森、罗兰·艾利森和贝斯·艾利森,以及他们的管家乔治·斯旺,都随"泰坦尼克号"一起沉没了。作为父母的赫德森和罗兰因没找到他们的小儿子特雷弗而拒绝离开,最终随船沉没,他们不知道,特雷弗已经和仆人爱丽丝·克里弗一起登上了另一艘救生艇。虽然艾利森一家是蒙特利尔社区的成员,但他们被埋葬在其家乡切斯特菲尔德一座巨大的方尖碑下。1929年,他们的小儿子特雷弗因食物中毒离世后也被葬在这里。

虽然"泰坦尼克号"事件在加拿大也广为人知,而且有安大略人在船上,但关于中国人在"泰坦尼克号"上的消息并没有什么人听说,即使听说也都是关于他们偷渡的负面指控。如果这些住在加拿大的中国人中没有那6名幸存者之一或其家人,他们怎么会知道有中国同胞在船上。因此,可以得出结论,李炳的故事是真实的。

那么,"泰坦尼克号"上的李炳究竟是李坤,还是李坤的儿子呢?李炳是几位中国幸存者中唯一一个在公开场合将其在"泰坦尼克号"上经历告诉了除家人以外的人。

从出生日期上看,李坤应该是"泰坦尼克号"上的幸存者。在"泰坦尼克号"的乘客名单上登记的李炳时年32岁，与1879年的生日正好吻合。被称为"李坤"（而不是"李炳"）的这个人，显然应该是"泰坦尼克号"的幸存者。1920年的时候，这个李坤应该40多岁了，而在剑桥市档案馆发现的一张"李炳"的人像照显示的是一个年轻人，很可能还是个高中生。

现在，我们已经不可能知道为什么李坤的儿子会叫"李炳"，也不知道为什么李坤会在早期用"李炳"这个名字。"泰坦尼克号"上的记录，无论是登船时还是获救时，都清楚地标明了 Lee Bing（李炳）的名字，还有汉字签名"李丙"或"李炳"——发音都一样，英文的书写也是一样的。这位李炳还就"泰坦尼克号"上丢失的个人财产提出了索赔。李炳的名字还出现在"安妮塔号"和其他船只的航运记录中，其中的中文签名与"泰坦尼克号"上李炳的签名字迹相同。

说来也奇怪，李炳的故事推翻了我们一开始对"泰坦尼克号"上的中国乘客的一种假设——我们原本猜测李炳和"泰坦尼克号"上另一名遇难的中国乘客李玲是亲戚，很可能是兄弟。19世纪末20世纪初，大多数中国人的名字都是3个字，而"泰坦尼克号"上两个李姓乘客的名字都只有两个字，且两个人名字非常相似，在"泰坦尼克号"的船票上两个名字又是紧挨着的，两人年龄也只相差4岁，乍一看都会认为他们存在亲属关系。然而，前文我们提到过，在采访苏伊的

第十二章
李炳

图片来源: the City of Cambridge, Ontario, Canada Archives

六人
泰坦尼克号上的中国幸存者

图片来源：the City of Cambridge, Ontario, Canada Archives

第十二章
李炳

文章里暗示了方荣山、李玲和林伦三人是一起旅行并打算在克利夫兰创业的，从来没有提到过李炳是这个计划的一部分。也有可能他们是兄弟，其中一人与两个非家族内的成员谋划未来，但这在当时是极不寻常的事情。如果李炳确实是李玲的大哥甚至是堂兄的话，那么奇怪的是，根据麦考利的回忆或格林的记录，李炳在讲述"泰坦尼克号"的故事时从未提到过这个人。

李炳似乎从加拿大消失了，有一个可能是他回中国了。尽管李家的生意在加拿大经营得还比较成功，但老一辈去世后，留下来的李氏成员可能觉得自己不属于这里。也可能是远在中国的亲属要求他们回国。没有人知道李氏兄弟是否结过婚，只知道他们彼此是亲戚关系，老一辈的去世可能让李家人决定一起离开加拿大。

如果李炳在1943年或稍后选择返回中国，那么他要么是异常勇敢，要么是出于异常奇怪的原因。因为此时正处于加拿大移民政策对华人最不利的时期，而且加拿大和中国都深陷二战之中。在英国领导下的加拿大军队远赴亚洲和欧洲两线作战；日本已经占领了中国大片地区，美国和英国在中国西南地区支援中国军队，苏联在东北地区支援中国军队。对一个在加拿大排华措施实施前就来到加拿大并且已经立足的华人家庭来说，1943年离开加拿大无疑是最糟糕的选择。

当然，也有一种可能是，在强烈的爱国主义精神鼓舞下，李家的几名男性返回家乡参与抗日。日军已经占领了广东东部和南部的大部分地区，也许台山就是下一个被占领的地方。他们家乡的亲人可能正需要他们。

战后的未来是无法预知的。但如果李炳在加拿大坚持到1947年（也许他和他的亲戚们真的坚持到了这个时候，虽然缺乏相关的记录能够证明这一点），他们和那里其他的中国人一夜之间就有了在全新的、完全独立的加拿大获得公民身份的资格。

可以说，在加拿大一个小镇里成功经营着生意的李炳比"泰坦尼克号"的其他5名幸存者更富有。根据各方资料，他和他的家人至少开了3家成功的店铺，并且在一个并非大量华人人口聚居的社区中站稳脚跟。最有可能的情况是，这位幸存者于1943年在安大略省的那个小镇去世，目前也还不清楚这一切对他的家人或者后人带来了何种影响。

第十二章
李炳

第十三章

方荣山

在蒙古军队的追击下，南宋遗老们不得不尽可能迅速远离首都临安（今杭州）。最后一次有组织的抵抗也被镇压了，蒙古军队粉碎了他们想从珠江三角洲起兵然后收复整个中国的希望，一路将他们追击到中国的南部海岸。面对军队的追杀，遗老们有的自杀，有的被推入海里，还有一些掉队者登上船只，朝地平线方向逃去。也许他们知道在远方会找到可以栖身的岛屿，也许他们只是不愿面对陆地上的抉择。

在雷达和卫星探测技术出现之前，在南宋遗老看来，只要躲到看不见的地方就能远离烦恼。这一次，他们是对的。在离海岸约 15 千米的地方有两个岛屿——上川岛和下川岛，这两个岛屿大小适中，有着高高的山丘，也有适于耕种的山谷，平缓的海滩使渔船可以很容易进出大海。在这里，至少他们是安全的。

岛上的每间祠堂都被命名为"河南堂"，这表示当地居民虽然是在南方出生、长大的，但他们的祖先来自中华文明的发祥地——今天的河南省。北宋的首都在开封，后来南宋定都临安。对一个于19世纪末在岛上长大的男孩来说，这一切在空间和时间上似乎都太遥远了。

方荣山生于1894年6月21日。他酷爱读书，是一名好学生，但他的一生与学术界毫无关联。15岁时，这个年轻人的生活，开始走向另一个方向，在接下来的50年里，为了寻求更好的生活，他几乎一直在大洋之间和大洲之间不停穿梭。他的脑海中显然有一个计划，但他几乎从未提及。

像台山地区的其他人一样，方荣山也是乘船去香港找工作。找什么工作呢？任何工作都行，只要有报酬就行，什么报酬高就做什么，不管工作内容是什么，不管工作时间多长，不管劳动强度多大，也不管工资是否合理。在下川岛，他没有任何土地可以继承，所以没有必要在他哥哥或其他人的土地上干活。方荣山所有的财富都是他自己努力赚的，但他从不吝啬，总是记得把一部分收入寄回老家补贴家用。

虽然是在一个小岛上繁衍生活，但方家之前并没有人在船上工作或从事海上贸易，方家人大部分都是农民。至少方荣山会游泳，这是他早年在下川岛一个安静的海湾里学会的。

1912年，方荣山已经在船上工作了三四年，多数时间是在机舱里当司炉工，偶尔也当厨师。但他显然是在等待时机，等待在更好的地方有更大的机会。不知道他是从什么时候以

六人
泰坦尼克号上的中国幸存者

及为什么开始使用"方朗"这个名字的。

在去北美洲之前,方荣山还曾与后来同为"安妮塔号"船员并且同在"泰坦尼克号"上的钟捷在货船"内瑟达克号"上共事过。

正如前文有关苏伊的报道里所描述的,方荣山和他未来的商业伙伴李玲、林伦三人肯定在"泰坦尼克号"上花了大量时间讨论他们实现未来计划的具体方案。他们将如何摆脱移民官员和唐纳德轮船公司的代表并进入美国?首先,他们这些中国人将在埃利斯岛办理边境手续。这对他们来说很可能是一个优势,因为如果他们抵达的是美国西海岸,他们要在天使岛移民站停留并接受严格的审问。1910—1940年,有成千上万抵达美国的中国移民在天使岛移民站停留并接受审查。而从埃利斯岛入境美国的中国人只有大约5 000名,从这里入境美国的欧洲移民则有数百万之多。

一旦通过埃利斯岛的检查,三人还得想办法逃离已经支付了他们的船票费用的雇主。在完成所有这些事情之后,他们还要去火车站买前往克利夫兰的车票。这确实需要制订周密的计划。

当"泰坦尼克号"撞上冰山时,这三名中国乘客先朝着"泰坦尼克号"的船尾走去,然后向上去到救生艇甲板层。没有资料表明他们也曾试图登上C号或D号折叠式救生艇。也许他们三人与其他几个中国人在某个时候分开了,选择向"泰

第十三章
方荣山

坦尼克号"的船尾移动，因为船尾与水面的距离逐渐拉大，看似比其他位置相对安全。这三人是唯一没有登上救生艇的中国乘客，这可能不是巧合。很快，他们别无选择，也没有时间了。他们最终全都落水，只有方荣山活了下来。方荣山的获救是"泰坦尼克号"最具戏剧性的故事之一，可能也是最后的一个。

在船上工作的方荣山，从某个时候开始喜欢精致的服装。他是一个农民的儿子，虽然在船舶的机舱和厨房里工作，但对他来说，一个男人只有穿西服打领带才得体。虽然他工作时身上经常会沾满机器零件的油脂或是船上厨房的污水，更适合穿工作服，但只要有机会，他总是会穿上整洁的西装。现存的方荣山所有的照片里，他都是穿衬衫打领带的样子。也许他的着装显示了他想要从事的工作。

方荣山的索赔申请单使我们更深入地了解了这个人和他的计划。他的索赔单上除了单独列出的工作服和靴子外，还列出了3套西装、6件衬衫、2双靴子、6条领带和衬衫领子、1个钟、1块手表和表链、1个手镯。这些中国人一般会随身携带所有的财产，但方荣山如果还要在船上工作，没有必要穿这样正式的衣服，也没有什么时间能上岸穿这些衣服。方荣山显然是为了将来的其他计划才携带这些物品。

"泰坦尼克号"沉没后，方荣山与其他几个中国幸存者直接回到了原来的工作岗位，登上了"安妮塔号"，继续远航。即使他认识李玲和林伦的家人，也没有机会将亲人离世的消息带给他们以及苏伊。大西洋中的一座冰山打破了他的梦想，一块木头救了他的命。在"安妮塔号"上看到自己的铺位时，他的脑海中也许会这么想，也许他只是在思考未来，想知道实现自己的梦想还需要多长时间。

方荣山继续在船上工作，用过许多不同的名字，比如"炳新""方朗"或其他类似的变体，通常是当司炉工，偶尔也当厨师。他于1912年底离开"安妮塔号"，后来又到别处工作。

在抵达美国之前，方荣山可能在法国勒阿弗尔的一艘名为"斯特拉索恩号"的船上工作，登记名为"亚方"。在后来的美国移民文件中，方荣山称他在去美国之前就住在勒阿弗尔。方荣山的小儿子汤姆回忆说，他曾看到父亲在著名的巴黎地标凯旋门前拍摄的照片。

方荣山最后一次从事海上工作是在"龙多号"上，该船是从巴达维亚（即今天的印度尼西亚雅加达）开往纽约市。

再见，方朗

1920年8月18日，"龙多号"停靠在最终目的地纽约。这既是结束又是开始。当方朗小心地、静静地收拾行李箱时，他知道自己在海上的时光终于结束了。纽约对他来说并不陌生。1912年，他乘坐"卡帕西亚号"抵达这里，他的两个朋友暨未来的商业伙伴在数百英里外的冰冷海洋中溺水身亡。

1912年底,他在这里离开了"安妮塔号"。

此时,在美利坚合众国的纽约市,一名中国船员并不受欢迎,情况与他8年前从那场世界上最著名的海难中幸存时相比并未好转。《排华法案》仍然具有法律效力。但那是1920年,而不是2020年,当时美国的反移民基础设施,即边境检查站、执法机构和身份证件与今天相比,特别是与2001年以后相比,并不可同日而语。当时,一名中国船员可以直接下船去唐人街,在餐馆吃顿饭,或者在寄宿房里睡个觉。当然,他需要准备好身份文件以备突击检查,但突击检查并不经常发生。

这个名叫方朗,又名山姆·方朗的司炉工兼厨师,拿起他的东西,走下"龙多号"的步桥。从他走上码头起,"方朗"这个人就不存在了。踏上陆地的是"方荣山"。方朗已经和"泰坦尼克号"一起沉没了。他用回了"方荣山"这个名字,也重新拾起了在这片新土地上展开新生活的梦想。不用再穿油腻的工作服了,这个男人开始穿西装打领带。

1920年夏末,方荣山已经26岁了。虽然他不一定是"纸生仔",但是他很可能带着假的身份证明文件。他不仅要弃船,还企图消失在美国。没有身份证明文件,一旦被抓就意味着将被驱逐出境。带着一份看似可信的身份证明文件,至少他还有留下的机会。

方荣山可能在纽约短暂停留了一下,但没过多久,他就踏上了前往美国中西部的旅程，虽然这并不是他最初打算去的地方。他去了芝加哥，而不是1912年打算去的克利夫兰。在船上度过成长的岁月之后，这个来自美国最不受欢迎的移民群体的非法移民，在他接下来的30年中都将在美国的土地上奔波生存。

对方荣山来说，陆地上的生活也没什么不同。他仍然是一个受教育程度不高的非法移民，虽然他能说一点儿英语，但远不能流利沟通。方荣山依旧勇往直前，很快就融入了芝加哥的华人社区，加入了当地的方氏宗亲会。幸运的是，台山话仍然是当地唐人街的通用语言，他可以在这里工作、生活并融入其中。

方荣山在船上工作期间，除了开始在意衣着，还对政治，也就是推翻封建帝制之后的中国发展产生了兴趣。他很快以行动支援中国国民党的行动，并开始建立自己的私人和政治网络。要想在远离家乡数千英里外的地方生活下去，一个没有合法身份、没有近亲、没有学历的人需要迅速建立一个他可以信任的人际网络。

方荣山在辛亥革命发生之前就已经离开了下川岛，他只能先从船上的其他中国船员那里了解这件事，再从途经的港口能拿到的报纸和书籍中了解更多消息。显然，他被中国这一新政治动向吸引，而且持支持态度。但方荣山根本没有机会参与其中，他被困在远离家乡的船上。和其他许多内心情感一样，他只能把它们压在心底深处，希望有一天他能有机会表达出来。没有任何证据表明，他曾打算返回中国参与推翻帝制的革命运动。

他在美国当地华人社区的政治活动中始终表现积极，但他从不参与竞选公职，而是一直在为慈善和社区事业筹款募资。

照片中的生活

方荣山最早的一张照片拍摄于20世纪20年代初期到中期，照片中只有方荣山一个人，看上去20岁出头，身穿白色或浅色衬衫、黑色或深色细条纹西装，打着深色领带。他梳着整齐的左分头，还在西装左翻领上戴了一枚中华民国国旗胸针之类的徽章。这张照片的色调呈现一种深褐色，它是在芝加哥密尔沃基大街4108号耶内尔工作室拍摄的。1922年12月至1930年12月，方荣山住在这家照相馆附近的密尔沃基大街4032号。

另一张照片是黑白的，拍摄于1931年4月7日，这是一张三人照，照片上的人分别是胡艺圃、黄比瀛和方荣山。照片的下面写着"方荣山"的名字。方荣山看起来二十几岁，穿着浅色也许是灰色的西装，搭配了一件西装背心，打着条纹领带，还有一个白色或浅色的口袋方巾。照片中并没有标注拍照的地点。

还有一张照片也是黑白的，是方荣山与另外3名男子一起的肖像照，是20世纪20年代后期在芝加哥的一家照相馆拍摄的。方荣山此时可能已经30岁出头，照片中的他在最右边，身穿灰色的三件套单排扣西装，打领带。比起之前的几张照片，他看起来体重增加了一些。

方家保留着这张照片的两份不同影印件，上面手写着4个人的名字，其中一张的最右边写着"方荣山"，而另一张上面写着"方森"。在我们调研的过程中，会讲台山话的人看到"方森"这个名字时，不止一次直接把它读成了"方朗"，也许是把它误认为是"方林"。这么看来，他在船上登记名字为"方朗"的行为就可以解释得通了。

照片上另外3人的名字在两份影印件上都是相同的：邝觉任、谢杏芳和张发奎。邝觉任和谢杏芳的职业与出身我们无从知晓，但张发奎是个知名人物，他在退居香港之前是一名国民党将领。在《排华法案》实行期间，张发奎可以以游客身份，如果是因公出行还可以以外交官身份，合法出入美国。这张照片拍摄于彼得·施耐德的摄影工作室，这家工作室于1892年开业，位于芝加哥州大街2222号。

芝加哥的生活

在美国的头几年，即1920年9月至1930年12月期间，方荣山所登记的住所和工作地址是相同的，先后为芝加哥麦迪逊西街2020号和密尔沃基大街4032号。不知道这期间他从事什么工作，但他可能做过服务员。

在1930年12月至1935年6月期间，方荣山终于有机会经营生意了，不过不是作为商人，而是作为位于范·布伦西街2833号的山姆·李洗衣店的合伙人。然而，1935年6月至1938年12月期间，方荣山不知出于什么原因离开了这里，到位于百老汇大街4739号的快乐客栈做回了服务员的工作。1938年12月，他又回到山姆·李洗衣店，直到1942年6月最后一次离开。这个洗衣店的地址已经不复存在，因为在20世纪50年代初，为了修建通往芝加哥的290号州际高速公路，这里的建筑都被拆除了。

1942年10月至1945年3月，方荣山在位于北克拉克街2744号的一家名为巴黎酒店的餐厅再次当起了服务员。1945年3月至1945年8月，他的就业记录为空白。我们不知道这段时间方荣山做了什么，也不知道他在哪里。

1945年8月至1951年8月，方荣山换到了另一家名为天堂酒店的餐厅工作，这家酒店位于芝加哥麦迪逊西街4007号。时隔两个月后，他又回到了巴黎酒店，直到1952年2月。

搬到密尔沃基

方荣山从十几岁起就几乎一直在工作，到1952年初，他已经步入中年。距离他所乘坐的那艘船在大西洋中部撞上冰山沉没，已经过去了将近40年。30多年来，他一直在美国非法居留和工作。在这期间，他和芝加哥的华人社区一起，一直坚持不懈地支持着在下川岛家乡的亲人们。

他一直没有妻子，没有孩子，也没有自己的生意。1943年，美国终于废除了《排华法案》，但即便如此，非法入境的华人仍然没有机会成为美国公民。

在没有家庭也没有事业的情况下，方荣山于1952年2月从芝加哥搬到威斯康星州的密尔沃基，搬迁的具体原因不清楚。密尔沃基位于芝加哥以西145千米，被称为"美国啤酒城"。20世纪50年代，这里是世界上四大啤酒厂的所在地。密尔沃基有一个小而独特的唐人街，有很多洗衣店、餐馆、药店和一间剧院。方荣山在北三街731号的莲花餐厅工作，仍是做服务员。1955年11月，他换到了附近位于北三街2242号的幸福花园餐厅工作。正是从那里开始，方荣山的人生轨迹才逐渐完整起来。

成为美国公民

20世纪中叶，随着中国解放和中华人民共和国成立，美国政府开始担心那些生活在美国而没有成为美国公民的中国人可能会成为中国的间谍。因此，美国移民归化局发起了所谓的

"华人自首项目"。如果在美国的中国非法移民站出来，并且能够提供他们在美国的完整时间线的话，那么他们就有资格成为美国公民。具体而言，就是列出他们在哪里生活和工作过、他们使用过的名字、家庭成员的名字、雇主的名字等。但是，如果移民归化局不相信某人的自首内容，那么这个人可能会被驱逐出美国。方荣山考虑了这种可能性，认为这是他成为美国公民的最佳机会，于是他提交了申请。我们因此知道了他从1920年9月到1956年提出归化申请期间完整的工作经历和住址。

方荣山的申请资料里并没有提供他从1920年到1956年的完整财务状况，但申请资料显示，他在1922年10月开了一个500美元的银行账户，并在1925年12月注销了该账户，当时存款有2 000多美元，这在今天的价值超过3万美元，对一个当服务员的前船员来说还算不错。

申请文件里还包括他在美国期间使用过的名字，除了"方荣山"，在做服务员及洗衣店合伙人期间，他还使用过"Frank W. Jee"及"Frank Jee Wee-Won-Hon"。申请文件中没有提到"方朗"这个名字，在跟雇主们核实方荣山身份的信件中也只说他使用了"Frank W. Jee"这个名字。在所有文件中，申请人都称自己为"方荣山"，并用英文"Fang Wing Sun"签名，同时附有中文签名。

1956年6月29日，方荣山在满62岁的8天后成为美国公民。这一梦想实现后，方荣山把注意力转向了生活中其他没有实现的方面，比如找老婆和结婚。

老夫少妻的恋情

方荣山的美国公民身份终于给了他在这里成家的信心。但作为一名 62 岁的华人，他在美国很难找到一个妻子。于是，他求助香港的朋友，朋友给他介绍了 23 岁的谭亚凤。她出生在广东的台山地区，后来和家人一起搬到香港。

谭亚凤后来说，那时候她有一个男朋友，但她的哥哥鼓励她嫁给方荣山，跟他去美国。谭亚凤介意两人年龄上的差距，但考虑到对方有一份稳定的工作，收入也不错，于是她和男友分手了，于 1957 年 2 月 6 日和方荣山在香港结婚。这对夫妇之后在香港待了两年，在此期间方荣山可能在香港买了一块房产。也是在这段时间，他们的长子方国光（John）出生了。次子方国民（Tom）随后于 1959 年末出生。

这对夫妇于 1959 年 2 月经夏威夷檀香山返回美国，并在密尔沃基定居下来。在方荣山 65 岁的时候，似乎他生活中的每一个方面都终于步入正轨，至少看起来是这样的。

但这段婚姻并不幸福。方荣山一直不遗余力地帮助那些远在家乡的亲戚们。他在妻子不知情的情况下，帮助另一个中国家庭来到美国。当一大家人初来乍到，谭亚凤才发现方荣山居然要全家人和新来的这群人共用自己的小公寓，于是

方荣山和妻子,以及两个儿子。

六人
泰坦尼克号上的中国幸存者

方荣山和两个儿子。

第十三章
方荣山

她把新来的一家人和她的丈夫一起赶出了家门。

这对夫妇自此决裂。1966年7月4日,一则关于他们离婚的报道——也可能是杜撰的故事,刊登在联合社在美国各地发行的报纸上:

> 这是美国方式
>
> 威斯康星州密尔沃基——联合社报道,32岁的玛丽·方太太想要离婚。她说她72岁的丈夫方荣山让她睡在地板上,不允许她外出社交,把她当作"家庭佣人"。方先生说这是中国人的生活方式。法官说,这里是美国,准予离婚。

破碎的梦想

方荣山的小儿子方国民对父亲的最初印象是和他一起去看附近的出租屋。当时70岁左右的方荣山按了门铃,房主开了门。方荣山问房子是否还在出租,房主望着方荣山说:"我决不会租给你这样的懦夫。"方荣山听了这话后毫不犹豫地朝男子脸上打了一拳,房主跪倒在地。他儿子回忆说:"我父亲是一个从不退缩的人。"

方荣山继续在密尔沃基做服务员,穿梭于密尔沃基和芝加哥的华人社区之间。1973年,随着年龄的增长和健康状况的恶化,他搬回芝加哥,住得离其他亲戚和朋友们更近一些。

即使是在晚年,他仍然和在中国的家人保持联系,如果可能的话,他会随信附上钱或照片。下面这封信是他用中文写的,寄给他在下川岛的妹妹,这是他通常写信的格式:

树莲胞妹:

自明甥子、红品甥孙、好意甥孙媳均安知之。

我今日在邮政局另寄相片一包件,请祈注意查收,如收到时请即回信说明为要。内有相片,转交周霞甥女收,请照交为要。今年十月二日我寄信一封返你至今已有两个月之久,未知你得收否?又不是你回信,念甚,请红品甥孙注意看信,注意回信,时合,我经九月十二日有信付返报告因鼻炎症入医院施手术,平安无事,住医院六天平安回家,至今左边一个鼻孔有些少未妥,医生称要用时间能妥云云。今年新年将届高庆、周美月姑说不久有信寄返,周有福姊的话便中转告周有福姊知道云云。但在处个人平安勿念,希望世界和平的幸福。古语说,在家千日好,出路时时难,这句话无错。我在邮政局查问寄信事,凡由美国寄信或相片包件皆用十五天之久,可能寄到中国广东交到台山下川人收云云,顺报告,我今日是十一月二十六日在邮政局寄相片一包件交你收祈查收,大约十二月十五日了能寄到,祈知之。我在处幸得平安勿念，国光、国民两儿在别埠工作，大约百里路之远，不能常见，只由长途电话谈话而已。顺告好音再报，并祝全家平安快乐。

胞兄方荣山手启　十一月二十六日1979

在另一封用英语写的信中，方荣山告诉一名25岁的亲戚，他不能赞助这个年轻人来美国。这个年轻人的英语太差了，方先生觉得他在那个年龄申请大学至少要有更好的语言能力，否则是不可能成功的。

在最后几年搬到养老院之前，方荣山住在一家中餐馆楼上的公寓里，靠近芝加哥唐人街南温特沃斯大街2100号。为了给芝加哥公共图书馆唐人街新馆腾出空间，这座建筑在2014年被拆除。

方国民说他父亲总是在夹克口袋里放一个笔记本，经常在上面写东西。方荣山告诉方国民，他走后，如果儿子想了解他的生活，就读一读这本笔记。遗憾的是，方荣山去世后，这个笔记本遗失了，可能是在整理他的物品时被扔掉了。

1974年，谭亚凤和她的儿子方国民买下了威斯康星州最古老、经营时间最长的中餐馆"惬意旅舍"，这家位于简斯维尔市的餐馆至今仍为方家所有。谭亚凤是已知的"泰坦尼克号"幸存者的配偶中最年轻的；方国民是已知的"泰坦尼克号"幸存者的下一代中年龄最小的；方国民的儿子和女儿是已知的"泰坦尼克号"幸存者的孙辈中年龄最小的。

方荣山于 1986 年 1 月 21 日去世，葬在芝加哥附近伊利诺伊州斯蒂克尼市的奥本山公墓，很多芝加哥华人都葬在这里。墓地上有个平放的墓碑，除了他的中英文名字和出生日期外，上面只用中文写着他是台山下川水洋村人。即使到了最后一刻，他也没有透露他的秘密。

寻找方荣山

有时候，当你寻找一个人时，如果对方——至少是对方的后代也在寻找你的时候，那么你们就会更容易找到彼此。

当开始寻找"泰坦尼克号"上的中国幸存者的亲属时，我们首先在以"泰坦尼克号"为主题的在线论坛上搜索，发现了一些与中国乘客有关的线索，其中包括 2004 年方国民的一篇帖子，他说方荣山是他的父亲。

我们试图通过论坛联系到方国民，但尝试多次均失败了。于是，我们像进行历史侦查工作一样，以"Tom Fong"和"Tom K. Fong"为前缀，组合常用的电子邮件域名（如 @gmail.com，@hotmail.com，@yahoo.com，等等）的形式发送电子邮件。最终，住在威斯康星州简斯维尔的方国民回了邮件，他可能也正急切地想了解更多他父亲的故事。

尽管方荣山从未向儿子们提起过自己的沉船经历，但他曾经把这段经历告诉过其他人。一个亲戚在方国民小时候曾经告诉过他，他的父亲很早的时候在一桩客轮沉没事故中幸免于难。

1971年9月，方荣山的远亲赵姓一家从香港移民到美国芝加哥。在方荣山安排的欢迎宴会上，赵家的小儿子亨利坐在方荣山的旁边。吃饭时，方荣山告诉亨利，他曾经乘坐的一艘巨轮因与冰山相撞而沉没，他靠着漂浮在残骸上获救生还。虽然方荣山没有提到这艘船的名字，但根据他提到的沉船时间和当时的情况，那艘船只能是"泰坦尼克号"。

方荣山去世后几年，当这位赵先生和方国民在威斯康星州的一个博物馆里一起看"泰坦尼克号"模型时，他告诉方国民，他的父亲方荣山曾经在这艘船上。这是方国民第一次把"泰坦尼克号"这个名字和他父亲曾在一次海难中幸存的信息联系在一起。

追寻方朗和方荣山的历史档案，要证明他们是同一个人，意味着要把他们放在同一个时空内。纽约的研究员辛西娅·李和伦敦的研究员克洛西尔德·亚普根据船运记录追踪了"泰坦尼克号"上的方朗登上"安妮塔号"之后的人生轨迹，发现最后方朗搭乘一艘名为"龙多号"的船，于1920年8月18日抵达纽约。根据方荣山的历史档案，他于同一时间乘坐一艘不知名的船抵达纽约。终于，这个人一生的两个部分合为一体。

六人
泰坦尼克号上的中国幸存者

第十四章

第七人

锦绣草坪公墓并不像"泰坦尼克号"相关纪录片里描述的那样：有一座为纪念久远的灾难而设立的纪念碑，矗立在大风吹过的悬崖边上，俯瞰着愤怒的大海。其名字中所暗含的"美好景致"之意也并不是指大西洋的美景。它所在的并不是哈利法克斯最好的地区，现在还紧挨着一个大的火车站。这里除了及胸的铁丝网围栏外，没有警卫或保安。"泰坦尼克号"死难者的墓地有很明显的标志，靠近整个墓地的中间区域。在埋葬这些"泰坦尼克号"遇难者方面，没有人会觉得白星航运公司花费过多——这些墓碑都很小，是由较实用的那种深灰色花岗岩制成，有名字或编号，而且彼此之间挨得很近。一些家庭选择为自己的亲人单独竖立墓碑，与白星航运公司竖立的墓碑形成鲜明对比。但至少收购了白星航运公司剩余部分的冠达邮轮还算体面，支付了这些墓地的维护费用。不管情况如何，这座公墓代表着100多名"泰坦尼克号"乘客最终的目的地，尽管这个目的地并非他们所能预料的。他们的生命终结在1 000多千米外的地方，但他们的人生旅程结束在这里。

在6名中国人和其他"泰坦尼克号"上的幸存者乘坐"卡帕西亚号"抵达纽约之前，一艘名为"麦凯·班纳特号"的电缆船已经返回失事地点，执行一项严肃而崇高的任务。

沉船事件发生后，白星航运公司马上找来了4艘船。这4艘船是专门铺设跨大西洋电缆的，所以船员们对北大西洋海域非常熟悉。但这一次，船员们不需要费力将电缆插入数千米深的海底，而是要在海面上搜寻和打捞遇难者的遗体，然后将其送回船上进行防腐、保存并运往哈利法克斯，这些遗体将在哈利法克斯被认领。

"麦凯·班纳特号"上装载了帆布、防腐液和冰块等物品，以接收那令人毛骨悚然的"特殊货物"。这艘船足以处理70~100具找回的遗体。另外3艘船——"米尼亚号"、"蒙特梅兰西号"和"阿尔杰林号"也负责执行同样的任务，它们跟随"麦凯·班尼特号"到达沉船地点。

很明显，白星航运公司是要找回遇难者的遗体以将其安葬，给遇难者家属一个交代。但除此之外，还有更重要的一点考量。当时"泰坦尼克号"的乘客中有一些非常著名的人物，包括世界首富约翰·雅各布·阿斯特四世，还有本杰明·古根海姆，他们拒绝登上救生艇，随船沉没后便失踪了。

这意味这些最著名的人物,或者至少他们的遗体,还漂浮在大西洋中。因此,白星航空公司最起码要把这些人的遗体带回来。

尽管这几艘电缆船明确地将搜寻点定位在已知的"泰坦尼克号"最后的沉船位置,但他们的搜寻任务仍然无异于在一片广阔的、流动的大海里捞针,而且已经过去几天了,海风和洋流也肯定已经把漂浮在水面上的东西转移到其他地方。其实,"泰坦尼克号"的沉船最终被发现的位置距它最后一次报告的地点有24千米远,但令人惊讶的是,很多遗体竟然都被找到了。

接近冰点的海水对于这项任务的执行是有利的,因为较低的水温有助于保存遗体。除此之外,4月中旬的北大西洋也几乎没有鲨鱼之类的捕食性海洋生物,否则它们可能会吃掉新鲜的人类遗体。

那些穿着"泰坦尼克号"上提供的救生带掉入水中的乘客没有理由害怕溺水,除非他们是被挣扎着的求生者推倒,或者救生带碰巧有缺损。称其为"救生带"有点不恰当,更准确的描述应该是救生衣。装满了软木塞的背心浮力很大,它的前胸和后背的设计能使穿戴者的头部和肩膀保持在水面以上,使他们更容易被发现。但是,当搜寻队员们抵达现场时,发现一群群死亡的乘客看起来像是站在水里或是在水中直立着睡觉,这让搜寻队员们感到不安。

"麦凯·班纳特号"的电缆工程师弗雷德里克·汉密尔顿在他的日记中写道:"把浸泡在湿透的衣服里的遗体从水中拖到木船上不是一件轻松的事。我们今天已经把51名遇难乘客的遗体移到船上,其中有2名儿童,3名妇女,46名男子,但仍有很多遗体散布在海面上。"

本以为"麦凯·班纳特号"的船员可能找不到或只能找到很少的遗体,出乎意料的是,他们找到的遗体数量超出了船只的处理能力。最终,这艘船找到了337具遗体,只能处理其中的306具,其余的由其他船处理——无论生前还是身后,似乎总是没有足够的空间来容纳每个人。

就像"泰坦尼克号"乘客撤离时一样,舱位等级决定了哪些人的遗体能被运回陆地,哪些会被留在海里。分类和打捞是同时进行的,他们没有等最终所有遗体都被打捞上来后再决定,第一批打捞上来的遗体中就有24具被施以海葬。决定哪些被带回陆地,哪些被施以海葬,是基于两个方面的标准:一个是遗体本身的状况,另一个是遗体外表显示的舱位等级。这一次不是妇女和儿童优先,因为妇女很少,而且几乎没有儿童。这次是头等舱优先,只不过这个优先不是登上救生艇,而是进入棺材和接受防腐处理。

许多遗体的惨状令"麦凯·班纳特号"的船员们感到惊讶,遗体的损坏或毁容的程度超过了腐烂的程度,很可能是因为被倒塌的烟囱等船体构件砸中。乐队领队华莱士·哈特利是通过他的小提琴装备被辨认出来的；约翰·雅各布·阿斯特四世是通过衣领上绣的字母图案而不是胡子被确认的。虽然寒冷的海水和捕食性海洋生物较少的海洋环境延缓了遗体的腐烂，但长期浸泡在盐水中会对遗体造成损害，逐渐使其毁容。

对遗体的处理也遵循一种等级秩序。衣着精致的被认定为头等舱乘客，会被放进棺材，并接受防腐处理；三等舱乘客则被帆布包裹着；船员的遗体被存放在甲板上。海葬一直在进行。

汉密尔顿在日记中写道："葬礼是由牧师卡农·欣德主持的，将近1个小时的时间里，他重复着祷告，'因为我们必须把他的身体交给深海'——'因此我们把他的身体交给深海'。每间隔一次，便有遗体被抛入海中，一具具负重的遗体坠入大约3千米的海水深处，溅起无数水花。"

4月30日，"麦凯·班纳特号"抵达哈利法克斯。4月底到5月，另外3艘船的遗体搜寻任务也执行完毕，有一部分遗体是在过往船只的帮助下被发现的，这3艘船找到的遗体数量远远少于"麦凯·班纳特号"，"阿尔杰林号"只找到了一具遗体，经确认是"泰坦尼克号"上的一名服务员。

考虑到只有两成遇难者的遗体被找到，而其中又有约40%被施以海葬，那么李玲和林伦中的任何一人，甚至两人都被找到、保存并最终埋葬在哈利法克斯的锦绣草坪公墓的可能性有多大？显而易见的答案是：不太可能。但同样让人

第十四章
第七人

觉得不太可能是,"泰坦尼克号"上的8名中国籍男性三等舱乘客中有6人在船沉没后幸存下来。

在"泰坦尼克号"撞上冰山后的前半小时,位于船首的中国乘客所在的船舱被水淹没,这促使他们立刻开始行动。之前在船上工作的经验使他们迅速意识到"泰坦尼克号"正处于危险之中,他们迅速向甲板移动。6名中国幸存者中有5人是从救生艇下来的,方荣山是从水中获救的,这说明在沉船的最后时刻,8名中国籍乘客都在甲板上。方荣山、李玲和林伦之间的关系,以及方荣山最终从漂浮的残骸上获救的事实,表明这三人一起一直坚持到最后,也许是在救生艇位置不够时一起跳下水的。如果这3个人从甲板上跳入水中时都穿着救生衣,那么即便他们未能获救,遗体也会浮在水面上。

方荣山跳下水的时候没有受伤,没有被烟囱或船上其他硬物撞击,也没有被沉船时的任何吸力拉入水里。假设李玲和林伦是在海面上被冻死的,而且生前没有受伤,也没有沉没,那么他们的遗体会像其他数百具遗体一样漂浮在海面上。这意味着他们的遗体和其他"泰坦尼克号"的死难者遗体一样会被发现,但被发现并被带回陆上埋葬的概率只有1/5。

在"麦凯·班纳特号"的船员等相关人员的记录里没有提到任何遗体的种族标记,只提到了约翰·雅各布·阿斯特四世等著名的乘客、妇女,还有那个无名儿童。因此,没有特别的理由能够排除一两具中国遇难者的遗体被打捞上来的可能性。4艘搜救船共将209具遗体带到哈利法克斯。

虽然三等舱遇难者一般都被海葬，但也有一些三等舱乘客的遗体被带回哈利法克斯，并被安葬。其中有些遗体后来通过表征描述、照片或最终的DNA测试确认了身份。

头等舱乘客的家属通过他们的方式确认和认领亲人的遗体，并将亲人送到最后的安息地——通常是家族墓地安葬。剩下的二等舱、三等舱乘客和船员们被安葬在哈利法克斯。最终，在非教派墓地锦绣草坪公墓安葬了121名遇难者，天主教徒和犹太教徒的遗体被分别安葬在位于哈利法克斯其他地方的教派墓地。其中有一具被标记为"无名儿童"的遗体，在最开始被误认为是埃诺·帕努拉，后来被确认为是西德尼·古德温。

剩下的120具遗体中有可能就有李玲或林伦，特别引人注意的是233号遗体。

有两份名单列出了被带回来的遗体：一份是那些身份得到确认的死者，按字母顺序排列；另一份是根据每具遗体被带上船时的编号排列。回到哈利法克斯后，船员们把遗体送到临时被指定为停尸房的溜冰场。在那里，每具遗体都被拍照和编目，记录下每位死者的个人物品、标志性特征和口袋里的物品等，希望这些描述能警醒那些在纽约或英国的白星航运公司办公室里的人，若在报纸上刊登出来，也许有人会辨别出遗体的真实身份。

第十四章

第七人

第一份清单这样描述了233号遗体：

233号：
男性；
估计年龄25岁；
头发，很黑；
衣服，灰色裤子，印花衬衫；
没有明显的标志性特征；
可能是希腊人。

然而，另一份清单对233号遗体的记录如下：

233号：
男性，估计年龄24~26岁；
身高1.74米，体重63.5千克；
头发，黑色；眉毛，黑色（看起来像日本人）；
标志性特征，低额头，突出的眉毛，头非常大；
安葬在新斯科舍省哈利法克斯市锦绣草坪公墓；
身份无法确认。

值得注意的是，观察遗体的人描述的这具遗体具有亚洲特征。分不清楚南欧甚至中东人的长相，认为他们都长得一样,这可能看起来很无知,但在那个时代是可以理解的。对1912年某个哈利法克斯人来说,相对而言对当地人的外貌特征更熟悉一些,除非他在亚洲待过一段时间。描述一个人看起来像"日本人"则完全是另一回事,尤其是在那个时期,与阶级、种族密切相关的是最重要的社交货币——身份地位。

如果233号遗体真的是亚裔,那么他不可能是日本人,二等舱乘客细野正文乘坐10号救生艇离开了"泰坦尼克号"。因此,233号墓穴中的亚洲人遗体只能是李玲或林伦。

DNA可以提供答案。但因为目前还没有找到李氏和林氏后代的踪迹,很难正面核实其身份,但通过DNA分型技术一旦能确认其为亚洲人,就足以证明这具遗体要么是李玲,要么是林伦。

目前尚有不到50具被安葬在锦绣草坪公墓的遗体身份不明,包括233号墓地,虽然新的DNA检测技术更加先进全面,能够检测很小的有机物质,但仍然存在着很多的障碍。锦绣草坪公墓是一块大型墓地,这里安葬着的不仅有"泰坦尼克号"事件的遇难者,还有数百名生前住在哈利法克斯的居民,其中还包括该市的首批中国移民——他们几乎都来自台山,和方荣山、李炳一样。有亲人埋葬在此的当地人越来越反对在墓地展开新动作,包括采集土壤样本以及进行部分或全部挖掘。

在最初试图确认那名无名儿童和另外两名被埋葬在锦绣

草坪公墓的"泰坦尼克号"乘客身份的过程中,科学家们的发现令人沮丧。许多"泰坦尼克号"遇难者的墓地在20世纪被某次洪水淹没,没有留下任何可用的基因检测材料。但由于这个无名儿童下葬时带着一块写有"我们的宝贝"的金属铭牌,这个东西的存在使一些有机物质没有被完全降解,留下了足够的DNA样本进行检测。

  随着科技的发展,目前只需要钻芯取样,即在每个墓穴上钻一个小孔便可以取出骨头或头发的样本。此外,尽管墓地被洪水淹没,新技术也可以识别出每块墓地周围土壤中的遗传物质。尽管许多"泰坦尼克号"遇难者的家属都希望得知他们的亲人的命运,但这些方法和测试手段还没有得到哈利法克斯公墓官员的批准。到目前为止,有关"泰坦尼克号"上的中国乘客的最后一个谜团仍静待揭开。

第十五章

六人

在过去的近110年里，由于人们痴迷于"泰坦尼克号"的各种技术细节，以及船上乘客富有与贫穷、英雄与耻辱并存的故事，这艘船始终没有脱离大众的视野。"泰坦尼克号"的确让我们着迷，因为我们总能从船上的某个人身上看到自己的影子，想象着如果在船上的是我们而不是他们，我们是否也会做出同样的选择。

"泰坦尼克号"同时也给我们留下了许多错误的信息和未解的谜团，使我们继续对它着迷。当船沉没时，如果乐队仍在演奏的话，他们演奏了哪首歌曲？那天晚上，许多"泰坦尼克号"的高级船员和乘客都看到的远处的光亮是什么，那个光亮原本是否可能拯救更多的生命？当然还有一个人人都感兴趣的问题：谁应该为这近1 500人的遇难负责呢？

我们正处在"泰坦尼克号"研究的新时代。所有的幸存者，还有很多他们的孩子，现在都已经不在这个世上了，很多第一手的记忆资料都没有留下来。而另一方面，研究技术越来越先进，使我们能够建造新的"泰坦尼克号"模型，包括可以通过虚拟现实技术模拟当时的场景，以及拼接出大西洋底部沉船残骸的完整图片。多亏了互联网，我们可以在数小时内搜索各种数据库，这在以前是需要研究人员前往许多不同的档案馆，花费很多天时间才能完成的。在成都东部的一个游乐场，一艘1∶1尺寸的"泰坦尼克号"模型正在被建造，人们将在一个多世纪之后第一次亲身体验到这艘船的优雅和宏伟。

不过，时间也是无情的。沉入海底100多年的"泰坦尼克号"在巨大的水压冲刷下正在逐渐消失。每一艘沉船都注定会变成沙滩上一块锈迹斑斑的铁块，这艘美丽的船也不例外。同样，现有的纸质记录、旧照片和传家之物也在不断损耗，除非我们现在想办法努力保护它们。

在20世纪上半叶，任意8名中国劳工都可以讲出类似的经历和境遇：寻找就业机会、饱受歧视、在陌生的西方定居。但是，针对一战前夕最著名的、文献记载最详细的事件——"泰坦尼克号"沉船事件，身在其中的8名中国人，尤其是6名幸存者为我们提供了一个突破口。我们因此有机会追踪他们的足迹，去了解在诸如战争、劳动力需求和歧视性移民政策等巨大的社会潮流推动下，他们生存和抗争的故事。他们几乎没有机会掌控自己的命运。

六人

泰坦尼克号上的中国幸存者

其中的故事有些令人悲伤，比如李玲和林伦在"泰坦尼克号"事件中的遇难，钟捷的英年早逝，以及亚林那种似乎听天由命、永无止境的船上生活。李炳和方荣山看似都获得了相对的成功，但人们不禁要问：他们会如何看待自己的人生？他们眼中的自己是成功者还是失败者？

如果他们选择离家乡近一点儿的地方谋生，他们的生活会是什么样子的？从长远来看，如果没有出海，他们的收入是否会更多，是否会生活得更好？这一切都很难说。当然，1850—1950年，有大量的中国男性（后来还有女性）出国谋生。这不仅对中国的文化和社会产生了影响，而且对那些中国移民定居人数最多的国家，如加拿大、英国和美国也产生了巨大的影响。这些影响一直延续到今天。《六人》的故事所要表达的是，无论是华人在海外取得的个人层面的成功，还是他们所遭遇的社会层面的失败，其根源都可追溯至一个世纪之前，其中的根本问题无法迅速得到解决。

历史给了我们一个更客观、更详细地审视过去的机会。探寻《六人》的故事就是要做这样的事。100多年前，针对这些人的不实指控导致他们甚至全体中国人的名声至今深受其害。他们也许不是英雄，但他们肯定不是恶棍。他们直面随时可能出现的挑战。他们一直都在尽自己最大的努力。面对就业机会的缺乏、沉船事件、各种排华法案，以及其他我们看不见的不幸，这6名中国人始终努力向前，从未放弃。这才是值得我们关注和尊重的,不管是在什么时代,也不管是哪个国家的人。

  "泰坦尼克号"的故事已经逐渐成为传奇和神话。"泰坦尼克号"上的中国乘客的故事也将随之经久不衰。

六人
泰坦尼克号上的中国幸存者